高职院校乡村旅游系列规划教材

U1019865

袁昌曲　李允峰　主编

# 乡村旅游
# 餐饮服务与管理

本书编委会

主　　审：王昆欣　教育部全国旅游职业教育教学指导委员会副主任委员
　　　　　熊　斌　重庆旅游职业学院
主　　编：袁昌曲　重庆旅游职业学院
　　　　　李允峰　上海沪华酒店管理有限公司
副 主 编：陈　静　杭州开元森泊旅游投资有限公司

西南大学出版社
国家一级出版社 全国百佳图书出版单位

图书在版编目(CIP)数据

乡村旅游餐饮服务与管理 / 袁昌曲，李允峰主编. 重庆：西南大学出版社，2025. 3. -- ISBN 978-7-5697-3058-6

Ⅰ. F719.3

中国国家版本馆CIP数据核字第2025B7Z022号

乡村旅游餐饮服务与管理
XIANGCUN LÜYOU CANYIN FUWU YU GUANLI

袁昌曲　李允峰　主　编

总 策 划 | 曾　文　杨景罡
执行策划 | 路兰香　尹清强
责任编辑 | 熊家艳
责任校对 | 鲁　艺
装帧设计 | 闰江文化
排　　版 | 杨建华
出版发行 | 西南大学出版社（原西南师范大学出版社）
地址：重庆市北碚区天生路2号
邮编：400715
电话：023-68868624
印　　刷 | 重庆紫石东南印务有限公司
成品尺寸 | 185 mm×260 mm
印　　张 | 15.25
字　　数 | 289千字
版　　次 | 2025年3月 第1版
印　　次 | 2025年3月 第1次印刷
书　　号 | ISBN 978-7-5697-3058-6
定　　价 | 49.80元

重庆旅游职业学院

“重庆市职业院校旅游管理专业教师教学创新团队”建设成果

# 高职院校乡村旅游系列规划教材

## 从书编委会

# 总序

陳敏

全国首套高职院校乡村旅游教材因需而生。两位来自西部农村的旅游专业学生给了我启发：一位是正在沿海发达地区实习的大三学生，面对大型旅游企业提供的既高薪又专业对口的工作邀请，毅然决定返回西部的小县城。我意识到，或许教她一些乡村旅游知识会更有用。另一位大二学生的经历坚定了我的这一想法。为了减轻家里丧失劳动力的父亲的负担，确保弟弟能够继续上小学，她准备放弃即将完成的学业，回到山区去。但学校毫不犹豫地挽留了她，并妥善解决了她的后顾之忧。这使我不得不重新思考这群来自西部农村孩子的学习问题：在乡村振兴战略实施过程中蓬勃发展的乡村旅游产业或许更需要他们，传授给他们的乡村旅游产业发展的相关知识应该更具针对性与适应性。为此，我们在学校大力推进的教材建设中，特别列出乡村旅游专项，组织了一批德技双优的骨干教师参与其中，全力打造这套既贴合学生需求，又紧密关联产业实际的乡村旅游教材。

为了突出教材的实用性和先进性，并确保学生在回到家乡后能将所学知识用得上、用得好、用得久，我们不遗余力联合全国乡村旅游教育领域的专家和实践工作者，组成了强大的编写团队。团队中既有长期耕耘在高职旅游教育一线的资深教师，也有在乡村旅游实践中积累了丰富经验的企业精英。这些高学历、高职称和高技能人才来自全国各地，如我国乡村旅游的开拓者——开元森泊，地方品牌企业重庆文旅集团等。大家为了共同的事业，熬更守夜、呕心沥血，历经近一年的全身心投入，终于完成了这套教材的编写工作。

跟上时代步伐必须摆脱传统思维的束缚。我们在教材中配了大量精美图片，还借用AI技术制作了生动有趣的视频课件，使教材不仅可读，而且可看、可听，从而让学习过程更加直观和轻松。教材中还收集了大量经典案例，学生毕业参加工作后仍可参考使用。此外，我们特别注重提升学生的职业素养，通过案例分析和实践操作，培养学生的团队合作精神、创新精神和解决问题的能力。这些技能将帮助学生在未来的职业生涯中脱颖而出，成为乡村旅游领域的佼佼者。

要感谢西南大学出版社的领导和编辑，他们不仅提前介入、靠前指挥，与写作团队一起谋划、策划，而且还从编辑角度不断地丰富内容、创新形式，为系列教材能够快速出版投用倾注了最朴素的爱。

集结最精干的队伍，运用最先进的技术，编写最实用的教材，是我们的大胆尝试。愿这种尝试和蕴含其中的爱，能为乡村振兴战略的大力推进和教育强国建设贡献一份力量，能更多地培养堪当民族复兴大任的时代新人。

# 前言

习近平总书记指出:“让旅游业更好服务美好生活、促进经济发展、构筑精神家园、展示中国形象、增进文明互鉴”,“要坚持以文塑旅、以旅彰文”,“要坚持铸牢中华民族共同体意识”。近年来,乡村旅游成为新时代中国乡村经济发展新的增长点和高质量发展的重要载体。乡村旅游餐饮是乡村旅游吸引力的重要来源,乡村旅游餐饮行业升级急需培养大批高素质应用创新型餐饮人才。基于此,我们编写了本书。本书主要体现以下特点:

一、立德树人,厚植文化

本书聚焦培养担当民族复兴大任的时代新人,全面落实立德树人根本任务,培养德智体美劳全面发展的社会主义建设者和接班人。在编写过程中围绕乡村旅游餐饮的乡村性特点,挖掘中国乡村传统餐饮文化的内涵和特色,激发学生投身乡村旅游餐饮服务和生产的热情,使其体验地方性乡村文化,厚植家国乡土情怀,坚守中华文化立场,传承中华优秀传统文化,树立文化自信,增强文化认同,铸牢中华民族共同体意识。

二、聚焦岗位，突出技能

本书围绕乡村旅游餐饮服务和生产典型岗位及其职业能力，从乡村旅游餐饮服务流程、厨房生产的工艺流程实际出发，将旅游餐饮服务、生产的岗位职责和技能要求细化为项目、操作程序和创意，通过服务流程学习和创意实践提升学生的职业能力。

三、构建内容，突出创新

本书以国家、行业和企业标准为引领，以培养高素质应用型创新人才为目标，以乡村餐饮业态为载体，聚焦乡村特点，以乡村传统餐饮文化资源为基础，构建实际岗位服务和生产所需的知识技能，提高学生职业能力。项目中设有学习目标、学习重难点、知识结构图、项目小结、思考与练习、推荐阅读栏目；任务中设有任务目标、任务描述、任务分析、任务实施、操作流程、学习支持、任务评价、任务思考、任务拓展、知识链接板块，重点突出，形式活泼。

四、双元开发，突出融合

本书诚邀杭州开元森泊旅游投资有限公司、上海沪华酒店管理有限公司等大师名匠深度参与编写，融入乡村旅游产业升级的新技术、新工艺、新规范、新标准，深入推动产教融合、校企合作。

五、图文并茂,突出应用

本书文字简练,主要运用各种实用性图表,说明技能操作流程和步骤。以联合国世界旅游组织评选的“最佳旅游乡村”为载体,设计创新案例,指导学生进行乡村旅游美食创新实践。图文并茂,浅显易学。同时将相关应用实践研究成果纳入编写内容。

本书由重庆旅游职业学院袁昌曲、上海沪华酒店管理有限公司李允峰主编。袁昌曲负责本书的总体结构设计、总体校对。具体编写分工如下:袁昌曲编写第一章、第二章、第四章;陈敏编写第三章、第五章;杭州开元森泊旅游投资有限公司陈静、上海沪华酒店管理有限公司李允峰负责企业资料的收集、整理和审核工作。

本书在编写过程中难免存在疏漏之处,恳请读者批评指正。

编者

2025年2月

# 目录

CONTENTS

项目一

# 乡村旅游餐饮认知

## 学习目标

1. 了解乡村旅游餐饮文化。
2. 了解乡村旅游餐饮组织结构。
3. 掌握乡村旅游餐饮典型岗位的类型、特征、职责及职业能力。
4. 认识乡村旅游餐饮文化的价值，传承与创新优秀传统乡土文化。

## 学习重难点

重点：掌握乡村旅游餐饮文化的内涵；乡村旅游餐饮典型岗位的类型、职责及职业能力。

难点：掌握乡村旅游餐饮岗位人才需求的特征。

## 知识结构图

- 乡村旅游餐饮认知
  - 餐饮文化及组织结构
    - 餐饮文化
    - 餐饮组织结构
  - 岗位人才需求类型
    - 餐饮服务人才
    - 餐饮技术人才
    - 餐饮营销人才
    - 餐饮管理人才
  - 岗位人才需求特征
    - 高素质
    - 高技术技能
    - 高创新创意能力
  - 典型岗位职责及职业能力
    - 餐饮管理典型岗位职责及职业能力
    - 餐饮服务典型岗位及职业能力
    - 餐饮厨艺典型岗位及职业能力

# 任务一
# 乡村旅游餐饮文化及组织结构

乡村旅游餐饮文化及组织结构

## 任务目标

1. 了解乡村旅游餐饮文化。
2. 了解乡村旅游餐饮组织结构。
3. 认识乡村旅游餐饮文化的价值,深入挖掘、继承、创新优秀乡土传统文化。

## 任务描述

小枚是大学二年级学生,在校期间攻读的是酒店管理专业。小枚的叔叔在自己家乡开了一家乡村酒店,最近马上就要开业了,小枚的叔叔想让小枚简要编制一份乡村酒店餐饮文化规划并设计酒店餐饮组织机构。假如你是小枚,你将如何进行规划和设计?

## 任务分析

乡村旅游餐饮文化是乡村旅游餐饮的内核,乡村旅游餐饮组织结构是乡村旅游餐饮的组织保障,二者是餐饮服务员应具备的基本职业知识。

## 任务实施

阅读学习支持及相关资料,了解乡村旅游餐饮文化及餐饮组织结构,编制乡村酒店餐饮文化规划和设计酒店餐饮组织结构。通过对家乡的乡村饮食文化和乡村酒店进行调研，培养观察分析、沟通交流、解决问题的能力，同时提升对乡村旅游餐饮文化的价值认识，深入挖掘、继承、创新优秀乡土传统文化。

表 1-1-1　工作表单

| | |
|---|---|
| 任务目标 | 1.编制乡村酒店餐饮文化规划。<br>2.设计乡村酒店餐饮组织结构。 |
| 任务地点 | 家乡的乡村酒店(农家乐)。 |
| 任务目的 | 通过调查分析，了解乡村酒店(农家乐)餐饮组织结构。 |
| 任务准备 | 调查分析记录本等。 |
| 任务要求 | 1.分组，每组选择当地具有代表性的乡村酒店(农家乐)进行调查。<br>2.将调查结果认真记录、分析，画出乡村酒店(农家乐)的组织结构图。 |
| 任务考核 | 教师对学生编制的乡村酒店餐饮文化规划和所画的组织结构图进行评价。 |

## 学习支持

### 一、乡村旅游餐饮文化

餐饮文化是中华文化的重要组成部分，承载着民族文化基因和历史传统。有学者认为乡村旅游是指在乡村范围内、以乡村为题材的旅游。由此，可将乡村旅游餐饮界定为在乡村范围内，专门为游客提供的具有乡村性的餐饮服务。乡村旅游餐饮文化内涵丰富，内容广泛，包括具有乡村性的饮食历史、资源、器具、制作、菜系、消费、观念、方式、卫生、文艺、思想和交流等，具有基于乡村性的在地性、乡土性、区域性、原真文化性和体验审美性等特点。中国地域辽阔，环境、气候、物产、风俗不同形成不同的饮食文化圈及乡村餐饮文化(见表 1-1-2)。

表 1-1-2 中华饮食文化圈

| 中华饮食文化圈 | 主要省(自治区、直辖市) | 区域乡村 | 饮食特色 |
|---|---|---|---|
| 东北饮食文化圈 | 辽宁、黑龙江、吉林 | 东北乡村 | 喜冷冻食品、晾干菜、腌酸菜 |
| 京津饮食文化圈 | 天津、北京 | 京津乡村 | 喜饺子、烤鸭、包子、砖茶 |
| 黄河中游饮食文化圈 | 山西、陕西 | 黄河中游乡村 | 年馍、面点(面、小吃);重咸鲜、酸辣、鲜香 |
| 黄河下游饮食文化圈 | 山东、河南、安徽、河北 | 黄河下游乡村 | 喜煎饼、玉米饼子、海鲜、炸年糕;味型咸鲜香 |
| 长江中游饮食文化圈 | 湖北、湖南、江西 | 长江中游乡村 | 喜糍粑、米制小吃、山珍野味;富有水乡灵气,乡土味浓 |
| 长江下游饮食文化圈 | 江苏、浙江、上海 | 长江下游乡村 | 食品灵巧、雅致、精致;口味清鲜、淡雅、甜美,古色古香 |
| 东南饮食文化圈 | 广东、广西、福建、海南 | 东南乡村 | 物料广泛,刀工精致,调味有方 |
| 西南饮食文化圈 | 四川、贵州、云南、重庆 | 西南乡村 | 喜石磨豆花、大米粑粑、黄粑;好麻辣,富有乡土气,家常味 |
| 西北饮食文化圈 | 新疆、甘肃 | 西北乡村 | 喜馕、羊肉、马肉腊肠 |
| 中北饮食文化圈 | 内蒙古、宁夏 | 中北乡村 | 喜奶食、酸茶 |
| 青藏饮食文化圈 | 青海、西藏 | 青藏乡村 | 喜糌粑、牛羊肉、酥油茶 |

注:此表是根据知名饮食文化学者赵荣光"饮食文化圈"理论与区域性饮食文化资源①整理而成。

---

① 赵荣光,谢定源.饮食文化概论[M].北京:中国轻工业出版社,2006.

各地乡村特色饮食的典型代表如图1-1-1至图1-1-8。

图1-1-1　长江中游（江西）乡村打糍粑

图1-1-2　黄河下游（河北）乡村炸年糕

图1-1-3　西南（四川）乡村豆花

图1-1-4　京津（北京）乡村包饺子

图1-1-5　西南（云南）乡村大米粑粑

图1-1-6　西南（贵州）乡村黄粑

图1-1-7　黄河中游（山西）乡村年馍

图1-1-8　西南（云南）乡村过桥米线

## 二、乡村旅游餐饮组织结构

伴随着乡村度假、乡村旅居等业态的发展，乡村旅游餐饮形成了农家乐餐饮、乡村酒店餐饮、度假村餐厅等类型，而不同规模、不同类型的餐饮，其组织结构也有所不同。

### （一）农家乐餐饮组织结构

农家乐旅游是一种新兴的休闲旅游方式，是乡村旅游的一种类型。农家乐通常是景点附近的居民利用地理优势，将自家农宅进行改造或者加建，用于满足游客的餐饮与娱乐需求的经营形态。农家乐餐饮相对单一，主要是经营中餐，餐饮组织结构采用小型餐厅餐饮部组织结构。

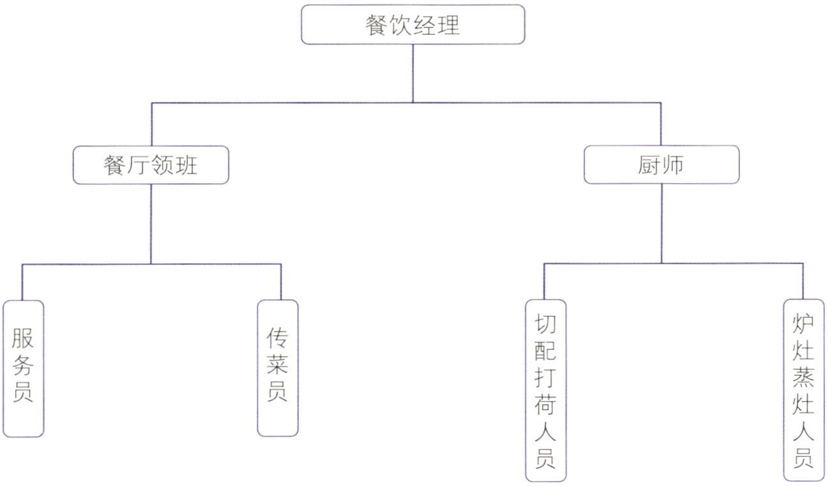


图1-1-9　农家乐餐饮组织结构

### （二）乡村酒店餐饮组织结构

乡村酒店是指地处乡村且与乡村环境相协调，提供住宿、餐饮、休闲、娱乐等服务设施的住宿单位，是城市酒店在乡村的延伸。[①]我国的乡村酒店介于农家乐和城市酒店之间，让游客能在乡村享受到城市酒店的服务。随着乡村旅游市场的扩大和游客体验需求（住宿条件和服务品质）的提升，乡村酒店应运而生。目前中国古迹遗址保护协会每年开展“中国乡村遗产酒店”评选，如“中国乡村遗产酒店”首批示范项目北京瓦厂乡村精品酒店，提供中餐、西餐等餐饮服务。乡村酒店餐饮组织结构大多采用中型餐厅餐饮部组织结构。

① 干永福，李卫宁. 乡村旅游产品实务——乡村旅游案例百则[M]. 北京：中国旅游出版社，2018:82.

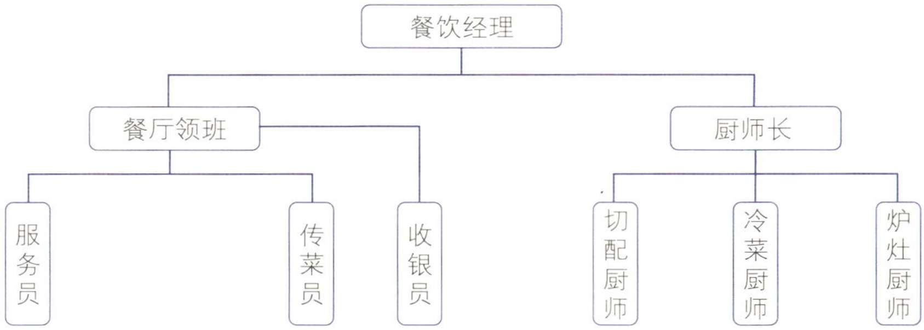


图1-1-10　乡村酒店餐饮组织结构

## （三）乡村度假村餐厅组织结构

联合国旅游组织（UN Tourism）将度假村定义为：度假村是为旅游者较长时间的驻留休息而设计和建设的高端住宅群。[1]度假村内通常设有多项设施以满足旅游者假期休闲的需要，如餐饮、住宿、健身、阅览、娱乐和购物等。乡村旅游度假村是人们为接待以度假休闲为目的的游客开发的住宅群。国内度假村主要是以满足旅游者康体、休闲、娱乐需求为主的新型旅游度假村。近年来，一批注重主题活动的度假村应运而生，以长三角、珠三角、环渤海等区域的度假村为典型代表。乡村度假村餐厅组织结构采用大型餐厅餐饮部组织结构。

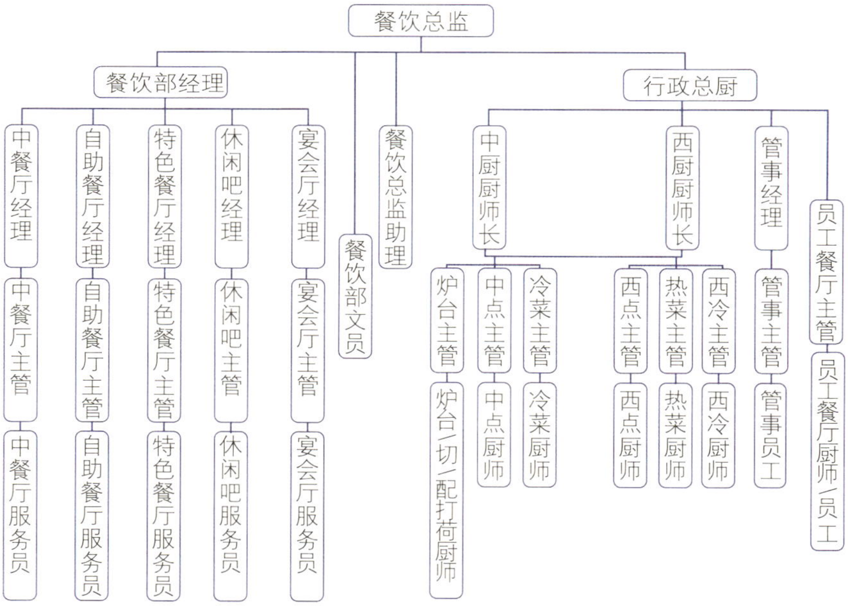


图1-1-11　度假村餐厅组织结构

① 干永福，李卫宁.乡村旅游产品实务——乡村旅游案例百则[M].北京：中国旅游出版社，2018：238.

## 案例分析

### 老家菜里的乡土情

【关键词】乡土文化

【事件】一年来，福建打造“中国乡宴”文旅品牌，挖掘隐藏在乡村的民间美食。在传统集市开市的“赶圩日”，举办乡宴活动，众多乡间大厨有机会来一展功夫；每隔月余，来自四面八方的食客汇聚于传统村落，既能大快朵颐，还可以认购当地特产、拍摄文旅短视频、观看文艺节目……看到这样的热闹景象，有网友感慨“儿时的乡土味道又回来了”“可得要保护好珍贵的乡土文化”。

【点评】

一桌普普通通的露天乡宴，到底有何吸引人的奥秘？

福建南安市石井镇是民族英雄郑成功的祖籍地，被誉为“郑成功故里”。走进这座闽南小镇，“中国乡宴·石井成功宴”特色满满，每一道菜也充盈着“成功味”：青葱小鱿鱼有了雅称“青衣从戎”，红烧肝片被称为“披肝沥胆”。游客品尝美味的同时，也沉浸于特色乡土文化。

一方水土孕育一方文化。我国广袤的乡村地区自然环境各异，历史沿革不同，孕育出多样的乡土文化。如今，乡土文化在加强文化认同、促进文旅发展、提高村民收入等方面发挥着独特作用。保护好、传承好乡土文化，能为乡村全面振兴注入文化动能。我们要深入挖掘、继承、创新优秀传统乡土文化，充分挖掘具有农耕特质、民族特色、地域特点的物质文化遗产，加大对古镇、古村落、古建筑、民族村寨、文物古迹、农业遗迹的保护力度。

乡土文化全民共享共有。近年来各地多措并举，保护好、传承好当地特色乡土文化。山西五台县依托73项各类非物质文化遗产项目，将五台八大套、赛戏、红灯笼、剪纸等融入乡村旅游产业之中，既传承了文化又促进了发展；浙江建成超过700家乡村博物馆，主题涵盖红色根脉、名人故居等，曾经散落在田间地头、农户乡舍的乡土文化变得更加具体可感。保护好、传承好优秀乡土文化，能在延续乡村文脉、留存乡愁记忆、传承传统技艺的同时，实实在在地涵养乡风文明、助力文化振兴、增强文化自信。

释放乡土文化的内在魅力，既需要在深入挖掘、强化保护上下功夫，也需要在创造性转化、创新性发展上做文章。在“中国乡宴”现场，菜名的选取颇具新意——海蛎紫菜煲，有了新名“同胞情绵”，既体现传统食材的同根同源，也表达对中华民族伟大复兴的美好祝愿，获得宾客好评。同时，在促进乡村文化振兴的过程中，农民既是受益者，也应成为积极的参与者，需要发挥非遗传承人、民间艺人、工艺师、乡贤、文旅能人等群体的带头作用。聚众力、集众智，把乡土文化与现代文明要素、农村农民发展需求等结合起来，不断赋予乡土文化新的时代内涵、表现形式，才能让乡土文化绽放新光彩。

“少小离家老大回，乡音无改鬓毛衰”，每个人的心中都有一个“乡土梦”。一盘老家菜、一首儿时曲、一幅田间画，都能触动心中最柔软之处。保护好、传承好优秀乡土文化，守护好中华文明生生不息的基因密码，就能让乡亲们的日子越过越有滋味，也能让广袤乡村成为现代人安放乡愁的幸福港湾。

（资料来源：刘晓宇．老家菜里的乡土情（暖闻热评）[N/OL]．人民日报，2024-08-15(05)[2025-04-07]．http://paper.people.com.cn/rmrb/html/2024-08/15/nw.D110000renmrb_20240815_3-05.htm.）

问题思考：如何深入挖掘自己家乡乡村饮食文化内涵，服务乡村酒店发展，助力乡村文化振兴？

## 任务评价

表 1-1-3　乡村餐饮文化及餐饮组织结构设计评分表

| 内容 | 评价项目 | 评价标准 | 分值（分） | 扣分（分） | 得分（分） |
|---|---|---|---|---|---|
| 乡村餐饮文化及餐饮组织结构设计 | 乡村酒店餐饮文化规划（50分） | 简要编制出乡村酒店餐饮文化规划。 | 50 | | |
| | 餐饮组织结构设计（50分） | 画出合理的餐饮组织结构图。 | 50 | | |
| | 总分 | | 100 | | |

## 任务思考

乡村旅游餐饮如何传承和弘扬优秀乡村饮食文化遗产?

## 任务拓展

选择当地的一家乡村度假村餐厅进行调查,编制其餐饮文化规划和画出餐饮组织结构图,列出菜单中的纳入各级饮食类非物质文化遗产名录的菜品。

## 知识链接

### 中华饮食文化民族传统

膳食配置:以粮为主,主副配餐

饮食方式:热熟为主,兼用生冷

美食追求:以味为本,至味为上

菜肴风格:菜系繁多,流派纷呈

饮食习俗:分食在先,合食在后

饮食惯制:进食有时,一日三餐

技能餐具:以筷进餐,实用独特

就餐习俗:先上酒菜,后用饭食

饮酒风尚:白酒当家,浅斟慢啜

茶事传统:客来饮茶,清饮热品

食仪传统:用膳循礼,讲究客套

饮食旨趣:筵宴排场,意在社交

(资料来源:余世谦.中国饮食文化的民族传统[J].复旦学报(社会科学版),2002(05):118—123,131.)

## 任务二
# 乡村旅游餐饮岗位人才需求的类型及特征

乡村旅游餐饮岗位人才需求的类型及特征

### 任务目标

1. 了解乡村旅游餐饮岗位人才需求的类型。
2. 掌握乡村旅游餐饮岗位人才需求的特征。

### 任务描述

小枚完成乡村酒店餐饮组织结构设计后，叔叔请她帮忙再做一份乡村酒店餐饮岗位人才需求分析报告。小枚应该从哪几个方面进行分析？

### 任务分析

乡村旅游餐饮岗位人才需求的类型主要有餐饮服务人才、技术人才、营销人才、管理人才四类，对餐饮服务人才、技术人才的需求较多。乡村旅游餐饮岗位人才需求的特征主要表现为：高素质、高技术技能、高创新创意能力。

### 任务实施

阅读学习支持及相关资料，了解乡村酒店餐饮岗位人才需求的类型及特征。通过调研乡村酒店（农家乐），培养观察、分析与概括能力，增强岗位认识和职业意识。

表 1-2-1　工作表单

| | |
|---|---|
| **任务目标** | 调查乡村旅游餐饮市场人才的需求。 |
| **任务地点** | 当地乡村酒店(农家乐)。 |
| **任务目的** | 通过调查分析,掌握乡村旅游餐饮市场人才的需求。 |
| **任务准备** | 调查问卷、分析记录本等。 |
| **任务要求** | 1. 分组,4 人一组,选择当地具有代表性的乡村酒店(农家乐)进行调查。<br>2. 将调查结果认真记录、分析,归纳总结乡村旅游餐饮岗位人才的需求特征。 |
| **任务考核** | 1. 教师对学生调查结果进行打分并点评。<br>2. 每个小组汇报分享调查结果。 |

## 学习支持

### 一、乡村旅游餐饮岗位人才需求类型

乡村旅游餐饮岗位人才需求类型主要有餐饮服务人才、技术人才、营销人才、管理人才四类,对餐饮服务人才、技术人才的需求较多。

#### (一)餐饮服务人才

乡村旅游餐饮发展,需要具备餐厅服务专业技能与服务意识的高素质中餐服务员、西餐服务员。

#### (二)餐饮技术人才

乡村旅游餐饮发展,需要具有乡村特色菜品、宴席制作能力和创新能力的中西式烹调师、面点师,特别是专门烹饪本地特色餐饮的地方名厨、新型乡厨。

#### (三)餐饮营销人才

乡村旅游餐饮发展,需要精通营销策略和技巧,具备餐饮营销与策划能力、餐饮营销文案编制能力的餐饮营销人员。

#### (四)餐饮管理人才

乡村旅游餐饮发展,需要具有餐饮产品生产和质量管理、餐厅服务与管理和餐饮数字化运营管理等能力的餐饮经理人、餐厅管理精英。

## 二、乡村旅游餐饮人才岗位需求特征

乡村旅游餐饮人才需求特征主要体现为高素质、高技术技能、高创新创意能力。

### （一）高素质

乡村旅游餐饮人才应具备良好的身体素质和心理素质，具有坚定的政治立场和文化使命感，心系乡土，拥有乡土情怀。餐饮服务人才要具有质量意识、环保意识、安全意识、信息素养、工匠精神、创新思维。餐饮技术人才要崇尚餐饮文化，传承传统技艺；崇尚科学精神，坚持科学态度，通晓厨理；崇尚完美道德，尊师爱徒，讲究公德。

### （二）高技术技能

乡村旅游餐饮服务人才应具有娴熟技能，接待客人时具备敏锐的洞察力、需求预测能力和高质量服务的能力；掌握现代餐饮信息技术，熟练运用智能餐饮管理系统。餐饮技术人才应具有高超厨艺、精益求精的态度，能够完成中西餐烹调，具备面点、地方风味菜、乡村非遗食品的制作能力。

### （三）高创新创意能力

乡村旅游餐饮人才应具有高创新创意能力，注重应用技术。敢于标新立异，创新学习实践，勇于尝试新产品。餐饮服务人才需创新服务方式、服务流程、服务场景等，提高服务质量和消费者体验；餐饮技术人才需开拓创新，开发新原料，探索新技法，吸取他菜精华，创意新菜品。

## 案例分析

### 挖掘乡厨人才，助力乡村振兴

近期，乳源瑶族自治县乡村振兴人才驿站在“世界过山瑶之乡”必背镇开展了一期“粤菜师傅”韶州客家菜乡厨人才培训交流活动，充分利用三项工程之“粤菜师傅”工程的优势深度挖掘瑶族厨师人才，为推进“百县千镇万村高质量发展工程”和走在全国少数民族自治县前列夯实人才基础。

此次活动是乳源人社局深入贯彻“粤菜师傅”工程，充分发挥人才驿站选才育才用才助力乡村振兴的作用，以送政策下乡主动服务群众为目的，以“粤菜师傅”韶州客家菜乡厨人才培训交流系列活动为契机,深入到各镇开展活动。一是汇集各镇当地的食材和特色美食,促进各镇加强了解本地餐饮业的发展情况;二是提供交流平台召集镇内餐饮业的厨师,进一步掌握当地乡厨人才资源;三是起到伯乐的作用,从活动中寻求千里马,让乡村厨师有展示才艺的机会,同时推荐参加市级举办的“粤菜师傅”职业技能竞赛,促使乡村人才技能得到全面的提升。

该镇厨师共有30人参加活动,从事厨师行业数十年的赵才章以一道“好运当头”脱颖而出。他表示,用猪头迎喜是瑶家人的传统,经过他改良的这道菜极受瑶族同胞的欢迎,家里新房入住、新婚摆酒都要点上作为主菜欢迎来客。政府提供的交流学习平台让大家有机会展示厨艺,提高了技能。此次交流培训为下一步考取职业等级证书打下基础,同时,实现了更充分的就业。

(资料来源:韶关市乳源瑶族自治县人力资源和社会保障局.挖掘乡厨人才,助力乡村振兴[EB/OL].(2025-02-11)[2023-09-06].http://www.ruyuan.gov.cn/sgryrlzyj/gkmlpt/content/2/2505/post_2505893.html#6228.)

问题思考:如何深入挖掘家乡乡厨人才,服务乡村酒店发展,助力乡村人才振兴?

## 任务评价

表1-2-2 乡村旅游餐饮岗位人才需求调查评分表

| 内容 | 评价项目 | 评价标准 | 分值(分) | 扣分(分) | 得分(分) |
|---|---|---|---|---|---|
| 乡村旅游餐饮岗位人才需求调查 | 了解乡村旅游餐饮岗位人才需求类型(40分) | 了解餐饮服务岗位人才需求。 | 10 | | |
| | | 了解餐饮技术岗位人才需求。 | 10 | | |
| | | 了解餐饮营销岗位人才需求。 | 10 | | |
| | | 了解餐饮管理岗位人才需求。 | 10 | | |
| | 掌握乡村旅游餐饮岗位人才需求特征(60分) | 掌握高素质的特征。 | 20 | | |
| | | 掌握高技术技能的特征。 | 20 | | |
| | | 掌握高创新创意的特征。 | 20 | | |
| | 总分 | | 100 | | |

## 任务思考

乡村旅游餐饮岗位人才需要具备哪些乡土情怀?

## 任务拓展

选择当地的一家农家乐、乡村酒店或乡村度假村餐厅,撰写一份乡村餐饮人才需求分析报告。

## 知识链接

### 《乡厨》:走乡串村,烹饪一方风味

《乡厨》是《川味》第四季的先导节目,一共4集,首次以人为主要拍摄对象,聚焦活跃在广袤乡土的乡厨,集中展现20位不同年龄、不同经历的乡厨故事。他们中,有的多年走乡串村掌勺各类乡村宴席,有的在小镇上坚守一门美味传承手艺,还有的返乡创业成为新乡厨。他们手里藏着深山田野的美味,掌中定着几十上百桌宴席的"乾坤",把当地的食材、水土、习俗烹饪成一方风味。

《乡厨》收录了节目组在拍摄的两年多时间里,在四川大地上寻找到的众多美食、人物和乡村故事。北起曾家山,南到筠连高坎,西到古路悬崖村,东到酉水河畔的渔村,寻访采撷了大量与美食和乡愁相关的影像资料,为观众展现了一个陌生而熟悉的新乡村图景。

## 任务三

# 乡村旅游餐饮典型岗位职责及能力

乡村旅游餐饮典型岗位职责及能力

### 任务目标

1. 了解乡村旅游餐饮服务典型岗位职责及职业能力要求。

2. 了解乡村旅游餐饮管理典型岗位职责及职业能力要求。

3. 了解乡村旅游餐饮厨艺典型岗位职责及职业能力要求。

4. 树立乡村旅游餐饮典型岗位职业意识。

### 任务描述

小枚完成乡村酒店餐饮岗位需求分析后，叔叔叫她帮忙分析乡村酒店餐饮岗位的工作任务，设计一份乡村酒店餐饮典型岗位说明书。小枚该如何设计这些岗位说明书？

### 任务分析

乡村旅游餐饮典型岗位职责及职业能力是乡村旅游餐饮从业人员做好餐饮服务的必要前提。本任务主要分析乡村旅游餐饮服务典型岗位、餐饮厨艺典型岗位以及管理典型岗位。

## 任务实施

阅读学习支持及相关资料，了解乡村酒店餐饮典型岗位职责及职业能力要求，通过典型岗位工作任务分析，设计岗位说明书，培养职业分析能力，增强岗位意识。

表 1-3-1　工作表单

| | |
|---|---|
| 任务目标 | 调查乡村旅游餐饮典型岗位的工作内容。 |
| 任务地点 | 当地乡村酒店(农家乐)等。 |
| 任务目的 | 通过调查分析，掌握乡村旅游餐饮典型岗位职责和能力。 |
| 任务准备 | 调查问卷、分析记录本等。 |
| 任务要求 | 1.分组调查。4 人一组，选择当地代表性的乡村酒店(农家乐)进行调查。<br>2.将调查结果认真记录、分析，归纳总结乡村旅游餐饮岗位工作任务。 |
| 任务考核 | 1.教师对学生调查结果进行打分并点评。<br>2.每个小组汇报分享调查结果。 |

## 学习支持

### 一、乡村旅游餐饮管理典型岗位职责及职业能力

乡村旅游餐饮服务典型岗位有餐厅经理、餐厅主管等岗位，岗位职责和职业能力要求如下：

表 1-3-2　乡村旅游餐饮管理典型岗位职责及职业能力表

| 岗位 | 岗位名称 | 岗位职责 | 职业能力 |
|---|---|---|---|
| 餐饮管理典型岗位 | 餐厅经理 | 1.根据实际经营情况制订餐厅经营管理计划，合理制订餐厅员工的排班表。<br>2.领导餐厅员工完成各项接待任务和经营指标，审核餐厅的营业收入，做好结账控制工作。<br>3.控制餐厅低值易耗品成本，加强物品原材料的管理，抓好成本核算，降低费用。<br>4.检查员工的工作和餐厅的服务质量、餐厅设备的保养和餐厅的卫生、安全。<br>5.负责对下属进行绩效考核。 | 1.具备餐厅经营计划与管理能力，合理分配任务。<br>2.具备良好的沟通协调能力，确保团队有效合作。<br>3.具备领导力和团队管理能力。<br>4.具备成本控制和财务管理能力。<br>5.具备客户服务与满意度管理能力。 |

续表

| 岗位 | 岗位名称 | 岗位职责 | 职业能力 |
| --- | --- | --- | --- |
| 餐饮管理典型岗位 | 餐厅主管 | 1.带领员工积极完成各项接待任务和经营指标,每日汇报接待和预订情况。<br>2.开餐前15分钟召开班前例会,落实具体工作任务。<br>3.带领员工完成每日接待,掌握客人用餐情况,征询客人意见,处理投诉。<br>4.及时检查物品与设施的卫生以及服务质量,达到规范标准。<br>5.每日填写工作日志,监督卫生工作。 | 1.具备餐厅经营管理计划执行能力,落实任务分配。<br>2.具备良好的沟通与协调能力,确保团队有效合作。<br>3.具备客户服务与满意度管理能力。 |

## 二、乡村旅游餐饮服务典型岗位职责及职业能力

乡村旅游餐饮服务典型岗位有中餐服务员、西餐服务员等岗位,岗位职责和职业能力要求如下:

表1-3-3 乡村旅游餐饮服务典型岗位职责及职业能力表

| 岗位 | 岗位名称 | 岗位职责 | 职业能力 |
| --- | --- | --- | --- |
| 餐饮服务典型岗位 | 中餐服务员 | 1.熟练掌握并执行酒店的制度和操作规范。<br>2.根据操作流程为宾客提供点菜、上菜、酒水、结账等服务。<br>3.做好餐前检查工作,按中餐标准摆台,准备开餐时的用品用具。<br>4.负责设施设备的清洁保养,保证提供优雅、清洁、安全的就餐环境。<br>5.熟悉菜单和酒水单,向宾客积极推销,按规定填写入厨单和酒水单。<br>6.及时征询宾客意见,帮助客人解决各类问题,填写质量信息卡。<br>7.做好用品用具的补充替换工作。<br>8.做好交接工作,做好收尾工作。<br>9.积极参加培训,提高服务技能。 | 1.能按照酒店服务礼仪标准,做到仪容美观。<br>2.具备托盘、折花、摆台、斟酒、上菜和分菜等基本技能。<br>3.具备优异的人际沟通能力,自信,自然得体,有关注细节的能力。<br>4.具备富有创意、艺术性、文化气息的菜单设计创新能力,较高水平的主题创意设计能力。 |

续表

| 岗位 | 岗位名称 | 岗位职责 | 职业能力 |
| --- | --- | --- | --- |
| 餐饮服务典型岗位 | 西餐服务员 | 1.熟练掌握并执行酒店的制度和操作规范。<br>2.根据操作流程为宾客提供点菜、上菜、酒水、结账等服务。<br>3.做好餐前检查工作，按西餐标准摆台，准备开餐时的用品用具。<br>4.负责设施设备的清洁保养，保证提供优雅、清洁、安全的就餐环境。<br>5.熟悉菜单和酒水单，向宾客积极推销，按规定填写入厨单和酒水单。<br>6.及时征询宾客意见，帮助客人解决各类问题，填写质量信息卡。<br>7.做好用品用具的补充替换工作。<br>8.做好交接工作，做好收尾工作。<br>9.积极参加培训，提高服务技能。 | 1.能按照酒店服务礼仪标准，做到仪容美观。<br>2.具备托盘、折花、摆台、斟酒、上菜和分菜等基本技能。<br>3.具备优异的人际沟通能力，自信，自然得体，有关注细节的能力；良好的服务意识和服务礼仪，能用中英文有效沟通和表达。<br>4.具备富有创意、艺术性、文化气息的菜单设计创新能力，较高水平宴会主题设计能力。 |

## 三、乡村旅游餐饮厨艺典型岗位职责及职业能力

乡村旅游餐饮厨艺典型岗位有中厨厨师长、中厨主管、中厨房炉台厨师、中厨房面点厨师、中厨房冷菜厨师、西厨厨师长、西点房厨师、西餐热菜厨师、西餐冷菜厨师等。岗位职责和职业能力要求如下：

表1-3-4　乡村旅游餐饮厨艺典型岗位及职业能力表

| 岗位 | 岗位名称 | 岗位职责 | 职业能力 |
| --- | --- | --- | --- |
| 餐饮厨艺典型岗位 | 中厨厨师长 | 1.负责零点菜肴的开发及发展计划的制订，督促和检查员工执行计划。<br>2.负责中厨房的组织管理，监督厨房班次安排等工作。<br>3.负责重要宴会或宾客菜肴的制作，征询宾客意见，改进菜肴口味。<br>4.编制原料申购计划，预订每天所需原料，负责原料申领签审，控制成本。<br>5.负责中厨房所有设备、器具使用的检查与指导。<br>6.负责下属考核。 | 1.具备丰富的饮食知识与文化。<br>2.具备精湛的中餐烹饪技艺。<br>3.具备优秀的领导管理能力。<br>4.具备中餐菜式口味创新能力。<br>5.具备良好的人际交往能力和应变能力。<br>6.具备健康与安全意识。 |

**续表**

<table>
<tr><th>岗位</th><th>岗位名称</th><th>岗位职责</th><th>职业能力</th></tr>
<tr><td rowspan="2">餐饮厨艺典型岗位</td><td>中厨主管</td><td>1. 带领员工积极完成各项接待任务和经营指标，了解每日的预订情况。<br>2. 召开班前例会，督促员工做好餐前检查。<br>3. 督导员工严格按规格烹调，负责检查菜肴出品的质量和盘饰效果。<br>4. 负责各类原材料的申领工作，合理使用原料及调料，做好成本控制。<br>5. 督促员工做好设施设备的检查保养工作及工作区的卫生工作。</td><td>1. 具备精湛的中餐烹饪技艺。<br>2. 具备人员管理能力。<br>3. 具备中餐菜式口味创新能力。<br>4. 具备良好的人际交往能力和应变能力。<br>5. 具备卫生安全管理能力。</td></tr>
<tr><td>中厨房炉台厨师</td><td>1. 负责零点、宴会、团队会议等各类菜点的烹制、出品工作。<br>2. 严格按照菜品主料、配料、调配和操作规程烹制，保证菜点质量。<br>3. 了解客情及菜肴制作特殊要求，做好开餐前的各项准备工作。<br>4. 对需要提前加工的菜点，认真做好上粉、腌渍、煎炸、穿、酿、挂排、上浆、滚、煨等半成品加工，然后按烹制要求上灶制作。<br>5. 对客人有特殊要求的食品，采用特殊方法烹制，保证客人需求。<br>6. 烹制厨房提供的特式茶点和食品节、美食节等美食菜点，积极进行产品创新。<br>7. 按点菜单先后顺序及技术要求烹制各种食品，保证出品质量和出菜时间；做好开餐前炊具、厨具、用具及调味品等的准备工作和炉灶卫生。<br>8. 工作完毕，清洗灶头、生产工具和做好卫生，保证烹制工作的顺利开展，对需修理的设备提出建议。<br>9. 下班前认真检查，做好水、电、气等阀门的关闭工作，保证厨房的安全。<br>10. 积极参加相关培训，提高综合技术水平。</td><td>1. 具有良好的语言、文字表达能力和沟通能力。<br>2. 具有营养分析与配餐、烹饪安全控制能力。<br>3. 能够完成中餐烹调、中式面点、地方风味菜点的制作。<br>4. 具有厨房生产组织和管理能力。<br>5. 具有餐饮企业基层管理能力。<br>6. 具有餐饮产品设计开发能力。<br>7. 具有宴会策划与餐饮营销能力。</td></tr>
</table>

续表

| 岗位 | 岗位名称 | 岗位职责 | 职业能力 |
| --- | --- | --- | --- |
| 餐饮厨艺典型岗位 | 中厨房面点厨师 | 1. 负责中式面点及地方风味面点的制作；熟悉各类点心配料比例，各类原料特性、贮藏方法，并熟知点心制作设备的使用，根据操作规程和火候要求，保证出品色好、味鲜，质地恰当。<br>2. 不断钻研新技术，根据餐厅信息和客人的反馈意见进行面点产品的创新。<br>3. 每日上班整理厨房卫生，准备面案及灶头所需工具，检查烤炉、烤箱、微波炉等设备，做好各项准备工作。<br>4. 根据生产任务及面点花色品种，领取面粉、调料和馅料等原料，并做好和面、发面、拌料、醒面、制馅、面点食品造型等各项加工。<br>5. 合理使用和节约原材料，妥善收藏剩余的原料、生熟馅料和售剩的点心；每日开餐结束后，整理灶头、案板和各种生产工具，严格执行食品卫生法规，把好食品卫生质量关。<br>6. 检查水、电、气、油等设备开关，保持厨房整洁、卫生和安全。<br>7. 积极参加饭店组织的培训活动，提高综合业务水平。 | 1. 具有良好的语言、文字表达能力和沟通能力。<br>2. 具有营养分析与配餐、烹饪安全控制能力。<br>3. 具备制馅、调制面坯、成型、制熟、装饰等中式面点专业技能，能够完成中式面点、地方风味特色面点的制作。<br>4. 具有厨房生产组织和管理能力。<br>5. 具有餐饮企业基层管理能力。<br>6. 具有餐饮产品设计开发能力。<br>7. 具有宴会策划与餐饮营销能力。 |
| | 中厨房冷菜厨师 | 1. 负责冷菜、水果盘和各种果汁的制作。<br>2. 负责冷菜的质量和卫生；接收零点和宴会订单，严格按规格切配装盘，准确向餐厅发放。<br>3. 根据餐厅的信息和客人的反馈，积极进行菜品创新，不断调整菜品，提高顾客满意度。<br>4. 妥善保管原材料，严格按有关卫生法规及饭店制度，冷藏、保鲜和存放食物，做好开餐后的收尾工作。<br>5. 随时保持个人工作岗位及包干区的卫生整洁，并做好冷菜间的消毒工作。<br>6. 定期检查、整理冰箱，保证存放食品的质量。<br>7. 正确维护与使用器械设备，并保持完好清洁。<br>8. 积极参加饭店的培训活动，提高综合业务水平。 | 1. 具有良好的语言、文字表达能力和沟通能力。<br>2. 具有营养分析与配餐、烹饪安全控制能力。<br>3. 能够完成中式冷菜的制作。<br>4. 具有厨房生产组织和管理能力。<br>5. 具有餐饮企业基层管理能力。<br>6. 具有餐饮产品设计开发能力。<br>7. 具有宴会策划与餐饮营销能力。 |

续表

| 岗位 | 岗位名称 | 岗位职责 | 职业能力 |
| --- | --- | --- | --- |
| 餐饮厨艺典型岗位 | 西厨厨师长 | 1. 负责零点菜肴的开发及发展计划的制订，督促和检查员工执行计划。<br>2. 负责西厨房的组织管理，监督厨房班次安排。<br>3. 负责重要宴会或重要宾客菜肴的制作，征询宾客意见，改进菜肴口味。<br>4. 编制西餐原料申购计划，预订每天所需原材料，负责原料申领签审，控制成本。<br>5. 负责下属考核。 | 1. 具备西方饮食知识与文化。<br>2. 具备精湛的西餐烹饪技艺。<br>3. 具备优秀的领导管理能力。<br>4. 具备西餐菜式口味创新能力。<br>5. 具备良好的人际交往能力和应变能力。<br>6. 具备建康与安全意识。 |
| | 西点房厨师 | 1. 了解营业情况，根据当日生产品种，提前领取、备齐食品原料。<br>2. 参与设计、布置自助餐台，并及时提供各类糕饼、甜品等食品。<br>3. 每日检查冰箱及冷库，妥善保藏各类原料及半成品。<br>4. 协助翻新生产品种及造型，参与成本控制。<br>5. 检查、维护、保养烤箱等设备和包干区的卫生清洁。 | 1. 具有烹饪专业英语的阅读与一般会话能力。<br>2. 具有鉴别与有效利用西点原料以及营养分析与营养配餐的能力。<br>3. 具备西式面点制作的能力。<br>4. 具有厨房生产组织和管理能力。<br>5. 具有西餐厅和厨房的布局与设计、菜单设计、宴会组织等能力。 |
| | 西餐热菜厨师 | 1. 根据营业状况，及时备齐原料，并适当提前切配，保证开餐正常进行。<br>2. 切配和烹制菜肴，并及时进行盘饰，保证出品符合质量要求。<br>3. 妥善保藏各种原料及食品，定期检查、整理冰箱。<br>4. 严格按有关规定维护、保养炉头及各种烹调设施。<br>5. 做好食品及生产操作的卫生工作。<br>6. 及时关闭气、电、煤等阀门。 | 1. 具有烹饪专业英语的阅读与一般会话能力。<br>2. 具有鉴别与有效利用西餐原料以及营养分析与营养配餐的能力。<br>3. 具有西餐烹调制作的能力。<br>4. 具有厨房生产组织和管理能力。<br>5. 具有西餐厅和厨房的布局与设计、菜单设计、宴会组织等能力。 |

续表

| 岗位 | 岗位名称 | 岗位职责 | 职业能力 |
| --- | --- | --- | --- |
| 餐饮厨艺典型岗位 | 西餐冷菜厨师 | 1.根据营业情况，提前领取备齐各类食品及水果原料，并做适当加工。<br>2.及时调制各类冷沙司，保证开餐的需要；按规格制作各类造型新颖美观的水果拼盘，妥善保藏，及时出品。<br>3.检查冰箱、冰柜，分类妥善保藏各类原料及食品，做好餐后收尾工作。<br>4.注意食品及生产卫生。<br>5.维护、保养各种设备，妥善保管各种用具。 | 1.具有烹饪专业英语的阅读与一般会话能力。<br>2.具有鉴别与有效利用西餐原料以及营养分析与营养配餐的能力。<br>3.具有摆盘、色拉制作、酱汁配置、盘式初步热处理、菜肴调味、油加热烹调技法、水加热烹调技法、汽加热烹调技法、宴席制作及技法拓展、变化并综合运用烹调技术进行菜肴制作的能力。<br>4.具有厨房生产组织和管理能力。<br>5.具有西餐厅和厨房的布局与设计、菜单设计、宴会组织等能力。 |

## 案例分析

### 用心思考 用爱烹饪

常言道“五湖四海，众口难调”，可市委党校行政处食宿管理科烹调师陈文认为，用心做菜，就不再是“众口难调”。

一刀一勺练厨艺，一菜一羹见功夫。市委党校每学期常规学员，从村级到副县级干部，有男有女，有青年中年，既要最大程度节约成本减少浪费，又得把大锅菜炒成小灶一样的可口菜品，这对陈文来说是一个很大的挑战。

为使大家品尝到不同地区不同风味的美食，陈文总是更新菜谱，动脑筋、想办法、变花样，研究学员们喜欢的菜品，并尝试逐步把新研究的特色菜呈到餐桌上，让各种口味的菜品逐渐充实起来；在假期里，他会自费到成都、重庆等地学习、交流，增进自己的厨艺。一旦菜品试制成功,受学员们喜欢,这便是陈文最快乐之事。

“我最想念的还是铜仁市委党校菜品的味道。”这是异地培训的江苏省苏州学员除了谈论外地发展新理念外说得最多的话题。

一餐一饭,看似简单,不仅传递着温暖的味道,也饱含着热爱与责任的味道。

2014年暑假,一心牵挂着食堂装修施工进展的陈文,从家里下楼时,心一急、步子快,左脚两根胫骨折断了。左腿已经打了两块钢板,但是他仍不顾腿疼,放心不下食堂的工作,坚持拄着双拐又站到了后厨的灶旁,由双拐加一根凳子炒菜,变为后来一根拐杖一根凳子炒菜。

校领导与同事纷纷劝陈文休息,他总是笑着回答:“炒菜是手上的劲,腿上不碍事的,躺在家里,没有站在灶旁心里踏实。”

2015年8月,全省党校系统第十一届运动会要在市委党校举办,来宾500余人,大规模的接待工作繁杂又琐碎。学校希望再另请厨师,好让陈文安心养伤,但是他并不接受:“即使是大酒楼的厨师,且不说工资高,最重要的是他们拿不准大锅菜的炒法,而且会造成菜品浪费。”

七天的连续奋战,脚腿浮肿着,他也不叫一声苦,只希望让大家吃上“放心饭、卫生饭、安全饭”。看着一批批运动员、领导、来宾在庆贺运动会举办成功,不断赞赏可口菜肴时,他一脸满足地笑着,尽管腿上的两块钢板还在颤抖!

陈文深爱着这份职业,也深爱这个团队。做菜、卫生、搬运、刷锅洗碗……一次次大型活动,陈文带领着他的团队,不分昼夜、加班加点,每一道工序都安排得当,每一个细节都合作有序,体现出了良好的协作精神和强大的战斗力。

“用心思考、用爱烹饪。”陈文将热爱和用心融入到了这份工作中,每天和锅碗瓢盆打交道,忙碌于油盐酱醋茶中,尽自己最大的努力完成每一餐,于三尺灶台前调制大众美味,是大家一致称赞的“王牌”厨师。

(资料来源:田莉莎.陈文:用心思考 用爱烹饪[EB/OL].(2025-02-18)[2024-01-26].https://www.tongren.gov.cn/2024/0126/312645.shtml.)

问题思考:你认为新时代乡村旅游餐饮岗位核心的职业精神有哪些?

## 任务评价

表 1-3-5　乡村旅游餐饮典型岗位职责及能力

| 内容 | 评价项目 | 评价标准 | 分值（分） | 扣分（分） | 得分（分） |
|---|---|---|---|---|---|
| 了解乡村旅游餐饮典型岗位职责及能力 | 了解餐饮服务典型岗位职责及能力（30分） | 了解餐厅经理职责及能力 | 5 | | |
| | | 了解餐厅主管职责及能力 | 5 | | |
| | | 了解中餐服务员职责及能力 | 10 | | |
| | | 了解西餐服务员职责及能力 | 10 | | |
| | 了解餐饮厨艺典型岗位职责及能力（70分） | 了解中厨厨师长职责及能力 | 5 | | |
| | | 了解中厨主管职责及能力 | 5 | | |
| | | 了解中厨房炉台厨师职责及能力 | 10 | | |
| | | 了解中厨房面点厨师职责及能力 | 10 | | |
| | | 了解中厨房冷菜厨师职责及能力 | 10 | | |
| | | 了解西厨厨师长职责及能力 | 10 | | |
| | | 了解西点房厨师职责及能力 | 10 | | |
| | | 了解西餐热菜厨师职责及能力 | 5 | | |
| | | 了解西餐冷菜厨师职责及能力 | 5 | | |
| | 总分 | | 100 | | |

## 任务思考

你认为乡村旅游餐饮中餐服务员、中式烹调师典型岗位的核心职业能力有哪些？

## 任务拓展

选择调查当地的一家农家乐、乡村酒店或乡村度假村餐厅，撰写一份岗位说明书。

## 知识链接

表 1-3-6　中餐厅经理每日工作操作标准

| 做什么 | 怎么做 | 为什么 |
|---|---|---|
| 1.日常检查工作 | (1)检查员工出勤情况、仪表仪容。<br>(2)检查领班、员工交接班,关注每天营业日报。<br>(3)仔细阅读各类文件、备忘录,并认真贯彻执行。<br>(4)检查各餐厅卫生是否符合标准,各项设备是否正常运行。<br>(5)检查摆台情况,规定:餐具整齐,摆放统一、干净、无破损或磨痕,台布、餐巾平整、无破损、无污渍。<br>(6)检查餐椅摆放,标准:椅子干净无灰尘,餐椅对齐无倾斜。<br>(7)检查工作操作台是否摆放有序,要求:服务落台摆放符合要求,托盘、布草、餐具摆放整齐规范。<br>(8)检查各餐厅的准备工作是否在开餐前做好,保证在宾客到达时可以提供餐食。<br>(9)检查餐具是否按规定比例备足,是否完好、清洁、无破损。<br>(10)检查吧台准备工作是否充分,酒饮存货是否充足,冰箱是否达到规定温度。<br>(11)检查各种服务用品准备是否齐全,如菜单和酒单、餐具、布草、醒酒器、打火机等。<br>(12)检查大理石是否光亮无油迹,地毯是否整洁卫生,植物是否无枯叶及积灰,装饰品是否协调美观并摆放整齐。<br>(13)检查灯光、空调设备是否完好正常,温度是否适宜,空气是否清新。<br>(14)检查背景音乐的音量是否适宜,音质是否良好。 | 使中餐厅经理掌握每日工作重点,有条不紊地开展工作。 |
| 2.每日业务工作 | (1)每日上午参加餐饮部例会,总结汇报餐厅工作,接受上级工作指令。<br>(2)召开中餐厅餐前例会,对前日(或前餐)各项工作加以总结,提出要求,传达上级工作指令,了解当天的接待情况,特别是VIP客人情况,指定VIP接待人员,并做简短例会培训。<br>(3)检查员工仪表仪容是否符合规范,精神是否饱满,强调当天的重要接待以及注意事项。<br>(4)对开餐的准备工作进行检查,并督导领班的工作。<br>(5)开餐时间,加强在餐厅巡视,与宾客保持良好沟通,并随时处理各种突发事件。<br>(6)开餐结束后,完成工作日志,并督促领班做好餐厅的卫生工作。<br>(7)对每日质检报表反映的问题进行及时整改并反馈。<br>(8)指导与关注餐厅主管与员工,提供儿童关爱服务。<br>(9)时刻关注本餐厅网上各渠道宾客的评价,对于宾客提出的意见及时与宾客做好沟通与反馈。 | 确保日常接待工作有序进行。 |

续表

| 做什么 | 怎么做 | 为什么 |
| --- | --- | --- |
| 3. 客户关系维护 | (1)关注宾客,加强与宾客的沟通,了解宾客的需求,及时跟进各服务环节的补位工作。<br>(2)向宾客建议合适的菜肴并做好意见征询。<br>(3)给予宾客最大的帮助和关心。<br>(4)妥善处理宾客投诉,发现重要情况应及时上报餐饮总监,并做好投诉记录。<br>(5)做好宾客客史档案的收集、更新、整理工作。 | 与宾客保持良好的关系。 |

表 1-3-7　中餐厅领班每日工作操作标准

| 做什么 | 怎么做 | 为什么 |
| --- | --- | --- |
| 1. 日常检查工作 | (1)检查区域状态:摆台是否符合标准,餐椅摆设是否整齐,操作台摆放是否有序,物品摆设是否符合要求,备用餐具、用品是否摆放规范。<br>(2)检查餐具准备是否充足、完好、清洁。<br>(3)检查操作台摆放是否有序,标准:托盘、布草等物品放置整齐,餐具摆放规范。<br>(4)检查各种调料、酒饮是否准备充分。<br>(5)检查各种服务用具和布草是否准备齐全。<br>(6)检查地毯是否整洁卫生,无杂物、污渍,大理石是否卫生、光亮,无油迹、水迹。<br>(7)检查环境是否舒适、空气清新,要求:灯光、空调等设备完好并正常运行。<br>(8)检查是否有背景音乐,音乐曲目、音量应适宜,音质良好。<br>(9)检查各项准备是否在客人到达前三十分钟完成。 | 使中餐厅领班掌握每日工作重点,有条不紊地开展工作。 |
| 2. 每日业务工作 | (1)参加中餐厅召开的例会,总结前餐工作及服务情况,接受上级指令。<br>(2)清楚了解当天客房住宿率、餐饮预订情况及次餐客情,特别是 VIP 宾客信息。<br>(3)检查班组员工仪容仪表是否符合标准,精神状态是否饱满。<br>(4)在例会上告知员工当天的售缺菜肴、时令菜肴及建议推荐的酒饮和菜品。<br>(5)对员工进行简短的服务知识与技能培训。<br>(6)核对并检查开餐前的准备、预订、排班的情况。<br>(7)开餐时,督导服务员为宾客提供礼貌、快捷、高效的服务并维持现场秩序和营造舒适、高雅的用餐环境。<br>(8)关注宾客,及时跟进各服务环节的补位工作。<br>(9)保持与厨房良好的沟通,及时传达宾客所需,掌握出菜时间及顺序。<br>(10)善于与不同宾客进行沟通,了解其需要以及对餐厅的意见及建议,并随时处理各种突发事件。<br>(11)关注餐厅服务员对儿童的服务与互动,高峰期及时做好补位工作。<br>(12)妥善处理餐厅内的宾客投诉事件,无法解决时,告知中餐厅经理,以求进一步解决问题。<br>(13)就餐高峰期做好餐厅秩序管理与各项工作安排,无法协助时,告知中餐厅经理,以求解决。<br>(14)做好宾客客史档案的收集、更新和整理工作。<br>(15)对每日质检报表反映的问题及时整改并反馈。<br>(16)用餐结束后,协助服务员一起做好收餐工作并做好歇业检查。 | 确保餐厅服务质量。 |

表 1-3-8　自助餐服务操作标准

| 做什么 | 怎么做 | 为什么 |
| --- | --- | --- |
| 1. 准备工作 | (1)提前15分钟到达岗位,做好早餐开餐前的一切准备工作,并提前至总台提取早餐报表,做好VIP宾客早餐用餐信息的整理。<br>(2)在餐桌上铺上洁净的台垫,自助早餐台面摆放餐垫、刀叉、筷子、餐巾纸架、用餐提示牌,VIP早餐台面摆放:VIP餐垫、刀叉、面包碟、咖啡用具(咖啡杯、底碟、咖啡匙)、口布、盐/胡椒瓶、鲜花、奶盅、糖缸,盐/胡椒瓶洁净并装有适量的盐与胡椒(不少于容器的三分之一)。<br>(3)检查桌椅状态是否完好,桌椅之间的空隙是否足够。<br>(4)检查操作台里的餐具是否齐全,如果不够要及时补充,并按餐具类型分类、整齐地摆放,并在工作落台上准备好相应数量的抹布(擦拭桌子与凳子的抹布需要分色管理)。<br>(5)检查自助餐台整体是否美观协调、干净整洁。<br>(6)在保证一切安全的情况下打开使用设备的电源。<br>(7)结合餐厅布局,早餐摆放设计尽可能考虑宾客取用流线的合理性,并在每种食物前放上正确的菜品名牌,菜牌应中英文对照,建议附上主辅料信息,必要时增加简单的口味描述。<br>(8)热食温度保持在≥60 ℃,冷食温度保持在≤5 ℃;及时关注食品保温器的使用状态。<br>(9)在每一种食物前摆放相应的食品夹、食品勺等,并将其放在餐夹底托中。<br>(10)按照自助餐台的设置要求,在合理的位置摆上果汁桶及足够的饮料杯。<br>(11)按照自助餐台的设置要求,在合理的位置摆放好足够数量的自助餐盘、托盘、刀叉、碗、筷子和汤匙。<br>(12)按照儿童餐台的设置要求,在合理的位置摆放好足够数量的儿童餐盘、碗、杯和勺叉,在儿童柜中补足相应儿童餐具并放置儿童围兜。<br>(13)在餐具回收处准备好相应车辆及分筐,在后台指定区域准备好相应清洁用具(拖把、扫把、簸箕等)。<br>(14)区域服务员上岗前需要佩戴腰包,腰包内需要准备干、湿抹布。<br>(15)自助餐厅经理对员工的仪容仪表、精神状态及用餐环境的舒适性进行检查,准备开始早餐服务,如餐台布置、灯光设置、温度调节、背景音乐等。 | 为宾客提供专业的自助餐服务,从而提高宾客满意度和餐饮服务总体品质。 |

续表

| 做什么 | 怎么做 | 为什么 |
| --- | --- | --- |
| 2.餐中服务 | **服务员：**<br>(1)宾客到达餐区，服务员立即上前迎接，面带微笑，亲切地向宾客问候："嗨，欢迎光临，早上好/中午好/晚上好。"若家庭出行带小朋友的，调整话术："嗨，欢迎光临，小朋友，早上好/中午好/晚上好。"<br>(2)示意宾客取餐方向，及时为小朋友提供相应服务。<br>(3)餐间需要走动式巡视所负责区域，及时收走空盘，避免桌上空盘堆积，餐中收台动作要轻，速度要迅速，尽量一次完成，避免多次打扰，对客话术："您好，先生/女士，空盘子帮您撤一下可以吗？/盘子里的食物还需要吗？帮您撤一下可以吗？/桌面给您整理一下可以吗？"<br>(4)注意对客回应技巧，尽量不要含糊其词敷衍客人，当遇到顾客问询或寻求帮助时要积极快速响应，对客话术："好的，马上/请您稍等。"遇到不明问题时，话术："先生/女士，请您稍等，我帮您咨询一下，稍后给您回复。"<br>(5)认真做好区域看台工作，早餐在区域宾客少于三分之一时，主动询问咖啡/红茶，杯内咖啡/红茶少于四分之一时主动及时询问是否添加，晚餐时段询问宾客是否需要饮料或现榨果汁，并根据宾客的要求提供相应的服务，在能力范围内尽量满足宾客的需要。<br>(6)主动为宾客推荐餐厅特色产品或主推产品并在客情允许的情况下为宾客进行拿取。<br>(7)宾客用餐期间观察宾客用餐动态，避免宾客用餐未结束误收餐现象，如出现误收第一时间及时给予道歉，并立即安排座位及协助宾客拿食物，用餐结束要再次致歉。<br>(8)宾客用餐结束后，需要与宾客道别并示意餐厅出口方向，对客话术："先生/女士，请带好随身物品，出口在这边，再见。"<br>(9)宾客有遗留物品第一时间交于餐厅前台，与前台做好交接工作。<br>(10)按规范进行收台、清洁桌面及地面，并按标准重新摆台。<br>(11)餐中有小朋友进行高危动作时，要友善提醒，让家长关注小朋友安全。<br>(12)所有撤盘均在合适位置操作，注意不能在老人、小孩身边操作，注意垃圾分类、餐具分类摆放。<br>**餐台员工：**<br>(1)员工能够详细地向宾客介绍菜单上的所有菜肴，包括配料、餐台流线及特殊饮食推荐 。<br>(2)跟进自助餐餐台的清洁、整理工作(两分钟内)，随时观察餐台状态，当菜肴少于三分之一时，及时通知厨房添加新鲜的菜肴，及时补充自助餐食品，适温、适量。 | — |

续表

| 做什么 | 怎么做 | 为什么 |
| --- | --- | --- |
| 2. 餐中服务 | (3)及时补充自助餐台的各式餐具用品，确保宾客能随时取用，耐心指引宾客熟悉餐台布局，积极协助宾客取餐。<br>(4)随时关注食品保温器是否闭合，保温设备运行情况是否正常。<br>(5)及时补充酒水饮料，现榨操作卫生，保持台面干净、整洁。<br>(6)餐中遇到宾客需要帮助及时给予帮助，关注小朋友取餐的安全性及卫生性，必要时或客情允许时陪同小朋友一起取餐。<br>(7)遇到客情高峰宾客排队时，餐台员工要及时做好秩序管理，及时做好流线设置、出入口设置，引导宾客有序取餐。 | — |
| 3. 结束工作 | (1)自助早餐时间结束后，如仍有宾客在用餐，应先询问宾客是否需要其他食品或服务，在确定宾客没有其他需要后，再开始准备收餐工作，如果宾客迟来用餐，应给予合理的安排，询问需求并提供服务。<br>(2)待所有宾客用餐完毕后，协助厨师整理自助餐台和收尾工作，做好餐厅设施设备的维护保养和区域的清洁卫生。<br>(3)早餐营业结束，做好早餐宾客接待报表的统计工作，并与总台做好人数的审核确定，交收银入账。<br>(4)在服务的全过程中，宾客的服务需求要能够及时得到满足。要求服务人员服务态度端正，热情大方，注重仪容仪表和形体语言，动作连续自然，始终保持微笑服务，并具有强烈的服务意识。 | — |

（材料来源：莫干山开元森泊度假酒店）

## 习近平对旅游工作作出重要指示强调 着力完善现代旅游业体系加快建设旅游强国 推动旅游业高质量发展行稳致远（节选）

中共中央总书记、国家主席、中央军委主席习近平近日对旅游工作作出重要指示指出，改革开放特别是党的十八大以来，我国旅游发展步入快车道，形成全球最大国内旅游市场，成为国际旅游最大客源国和主要目的地，旅游业从小到大、由弱渐强，日益成为新兴的战略性支柱产业和具有显著时代特征的民生产业、幸福产业，成功走出了一条独具特色的中国旅游发展之路。

习近平强调，新时代新征程，旅游发展面临新机遇新挑战。要以新时代中国特色社会主义思想为指导，完整准确全面贯彻新发展理念，坚持守正创新、提质增效、融合发展，统筹政府与市场、供给与需求、保护与开发、国内与国际、发展与安全，着力完善现代旅游业体系，加快建设旅游强国，让旅游业更好服务美好生活、促进经济发展、构筑精神家园、展示中国形象、增进文明互鉴。

（资料来源：习近平对旅游工作作出重要指示：着力完善现代旅游业体系加快建设旅游强国 推动旅游业高质量发展行稳致远[EB/OL].(2025-03-17)[2024-05-17].https://www.gov.cn/yaowen/liebiao/202405/content_6951885.htm.）

### 习近平给中国农业大学科技小院的学生回信强调<br>厚植爱农情怀练就兴农本领<br>在乡村振兴的大舞台上建功立业<br>在五四青年节到来之际向全国广大青年致以节日的祝贺

中共中央总书记、国家主席、中央军委主席习近平近日给中国农业大学科技小院的同学们回信，提出殷切期望，并在五四青年节到来之际，向全国广大青年致以节日的祝贺。

习近平强调，你们在信中说，走进乡土中国深处，才深刻理解什么是实事求是、怎么去联系群众，青年人就要“自找苦吃”，说得很好。新时代中国青年就应该有这股精气神。党的二十大对建设农业强国作出部署，希望同学们志存高远、脚踏实地，把课堂学习和乡村实践紧密结合起来，厚植爱农情怀，练就兴农本领，在乡村振兴的大舞台上建功立业，为加快推进农业农村现代化、全面建设社会主义现代化国家贡献青春力量。

（资料来源：习近平给中国农业大学科技小院的学生回信强调[EB/OL].(2025-03-17)[2023-05-03].https://www.gov.cn/yaowen/2023-05/03/content_5754010.htm.）

## 项目小结

乡村旅游餐饮是乡村旅游要素的首要要素。乡村旅游餐饮是一个综合概念，内涵涵盖乡村餐饮产品、乡村组织、乡村产业和乡村饮食文化。应了解乡村旅游餐饮文化、乡村旅游餐饮组织结构，掌握乡村旅游餐饮典型岗位需求类型（餐饮服务、技术、营销、管理等四类）、特征（高素质、高技术技能、高创新创意能力）、职责及能力；认识乡村旅游餐饮文化的价值,传承创新优秀传统乡土文化。重点掌握乡村旅游餐饮文化的内涵;乡村旅游餐饮典型岗位类型、职责及能力。难点在于掌握乡村旅游餐饮岗位人才需求特征。

## 思考与练习

比较乡村旅游餐饮(农家乐、乡村酒店或乡村度假村餐厅)与其他餐饮组织岗位设置有哪些不同。

## 推荐阅读

[1]周瑞昌,王刚.新时代员工岗位精神[M].北京:中华工商联合出版社,2019.
[2]曾高飞.似水流年,家乡味道[M].北京:作家出版社,2023.

# 项目二

# 餐饮服务基本技能

## 学习目标

1. 了解乡村旅游餐饮服务仪态、托盘、餐巾折花、铺台布、摆台、斟酒、上菜和分菜的基本知识。

2. 熟练掌握乡村旅游餐饮服务仪态、托盘、餐巾折花、铺台布、摆台、斟酒、上菜和分菜的基本技能。

3. 具备适应乡村旅游餐饮服务创新发展的服务能力。

## 学习重难点

重点：掌握乡村旅游餐饮服务的基本技能。

难点：培养适应乡村旅游餐饮发展的创新服务能力。

## 知识结构图

- 餐饮服务基本技能
  - 重塑仪态
  - 操作托盘
  - 折叠餐巾花
  - 铺台布
  - 摆台
    - 中餐零点摆台
    - 中餐宴会摆台
    - 西餐早餐摆台
    - 西餐午晚餐摆台
    - 西餐宴会摆台
  - 斟酒
  - 上菜和分菜

# 任务一
# 重塑仪态

重塑仪态

## 任务目标

1. 了解仪态的基本内容。
2. 掌握仪态重塑规范。
3. 具备优雅服务的能力。

## 任务描述

乡村酒店开业后，小枚同学的叔叔收到了客人投诉，投诉服务员服务水平不高。叔叔叫小枚帮忙重新培训一下服务员的仪态。她将从哪些方面进行培训？

## 任务分析

优雅的仪态是餐饮服务的重要软技能之一。仪态是指一个人的言行、举止、态度。优雅的仪态是一种气质形象，也是鲜明的职场符号，服务员的个人仪态和修养直接影响到餐厅的形象和效益。仪态主要包括语言、表情、眼神、手势、动作等内容。对服务员进行语言、表情、眼神、手势、动作等训练，可使服务员重塑优雅仪态，自然大方、整洁舒适，符合工作需求，精神焕发，充满活力。

## 任务实施

阅读学习支持及相关资料，了解酒店餐饮服务岗位仪态的主要内容及要求，认识到服务员的仪态直接影响到餐厅服务质量和形象，通过仪态重塑训练，培养良好的职业形象。

表2-1-1　工作表单

| | |
|---|---|
| **任务目标** | 重塑优雅仪态。 |
| **任务地点** | 当地乡村酒店等。 |
| **任务目的** | 通过仪态重塑任务，掌握对乡村旅游餐饮服务员职业形象的要求。 |
| **任务准备** | 评价表、分析记录本等。 |
| **任务要求** | 学生分组，10人一组进行仪态练习。 |
| **任务考核** | 教师根据《仪态重塑评价表》进行评分。 |

## 学习支持

### 一、仪态基础知识

表2-1-2　仪态基础知识

| 仪态 | 具体内容 |
|---|---|
| 含义 | 是一个人的言行、举止、态度，与一个人的文化及修养密切相关，一个人举动都符合美的要求，会使自己端庄、高雅，精神焕发。 |
| 内容 | 语言、表情、眼神、手势、动作。 |
| 作用 | 有利于塑造良好的个人形象；提高社交能力；保持身体健康；传承和弘扬传统文化。 |

## 二、仪态重塑内容和规范

表 2-1-3 仪态重塑内容和规范

| 仪态 | 规范 |
| --- | --- |
| 语言 | 必须使用礼貌用语，如“请”“对不起”“不好意思”“多谢”等，做到“请字当头，谢不离口”；说话时语言要婉转，不要轻易用否定的语气回答问题，尽量不使用“不”字；语言表达时要根据场合或距离的远近控制自己的音量。与客人沟通及应酬，时间不宜过长，以免客人反感及影响自己的本职工作。 |
| 表情 | 必须用灿烂笑容去赢得客人的信赖，不能有古怪的表情。当有忧愁和烦恼时，不能把心情显露在脸上，内心情绪应经常调整，保持微笑。 |
| 眼神 | 与客人谈话时，眼睛不可东张西望，以免对方误会轻视他，要注视对方，表示你在听他说话；不要上下打量，以免客人莫名其妙，不知所措。 |
| 手势 | 手势不可乱用，不许在客人面前指指点点，特别是在客人的背后指手画脚，这是最不雅、不礼貌的行为 |
| 动作 | 力求优美、雅观，落落大方和富有表现力，动作幅度不能过大，这样缺乏优美感。 |
| 站姿 | 两臂自然下垂，两手背后交叉或垂直于裤缝中间或前面把握，抬头挺胸、收腹、肩平头正，目光平视，脸带微笑，把重心放于双脚，不可交叉手臂弯腿，不可依靠柱子、餐台、柜台、墙壁，双手不可交叉入衣裤内，脚不可随着音乐打拍子，不可相聚闲谈。 |
| 坐姿 | 坐椅子的三分之一，胸部自然挺直，立腰收腹、抬头、肩平头正、目光平视，面带微笑，女员工穿裙装时，双脚应斜放或平直放，双手自然摆放在双腿上。 |
| 走姿 | 走路时身体要挺直，目光平视，面带微笑，步伐稳健，不要左右摇晃，在酒店里不能奔跑，要轻快地走。 |
| 微笑 | 面容和善，嘴角微微上翘，自然露出整洁的上齿（八颗或六颗牙齿），注意保持牙齿的干净，表示尊重。 |
| 头部 | 女员工头发前不过眉、后不过肩；头发过肩应用发网或发圈扎好盘起，发夹头饰应以深色为主，不戴耳环，耳钉一边只可佩戴一个。 |
| 面部 | 男员工必须刮胡须，女员工需化淡妆、涂口红，面部保持清洁。 |
| 手部 | 常洗手，保持双手清洁，指甲不宜过长，无黑边常修剪；不涂指甲油，戒指、手表的款式不宜夸张。 |
| 口部 | 上班前不吃刺激性食物，不饮酒，保持口腔清新，牙齿清洁，无异味。 |
| 腿部 | 女员工必须穿肉色无花纹丝袜（经理级以上人员可穿黑色的，但要与服装搭配统一），如丝袜破损应及时更换；男员工必须穿深色袜子，袜子保持清洁无异味。 |

续表

| 仪态 | 规范 |
| --- | --- |
| 脚部 | 女员工必须穿公司规定款式的黑布鞋或黑皮鞋，女主管级以上必须穿不低于5厘米的黑色高跟皮鞋；男员工必须穿黑色皮鞋，保持清洁光亮，无破损无异味。 |
| 身体 | 不使用过浓的香水，保持清洁，无体味，经常冲凉。 |
| 制服 | 常更换，常熨烫，纽扣齐全并扣好，突出的线头应自行剪去，佩戴饰物时不能露出制服外，衣袖、裤管在工作时无必要不能卷起；佩戴员工牌于左上方；保持制服整洁，自然得体。 |
| 整体 | 自然大方，整洁舒适，符合工作需求，精神焕发，充满活力。 |

## 任务训练

学生每10人一组，按以下示范在实训室进行仪态练习。经过仪态实训，重塑学生仪态精神，气质形象，并根据《仪态重塑评价表》进行评分。

图2-1-1　手势

图2-1-2　微笑

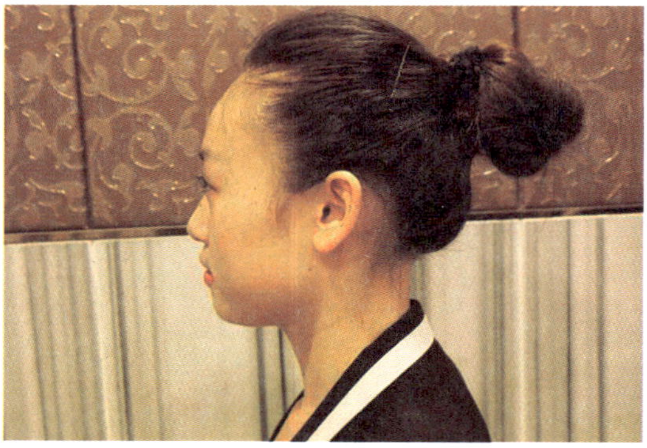

图2-1-3　女员工头部

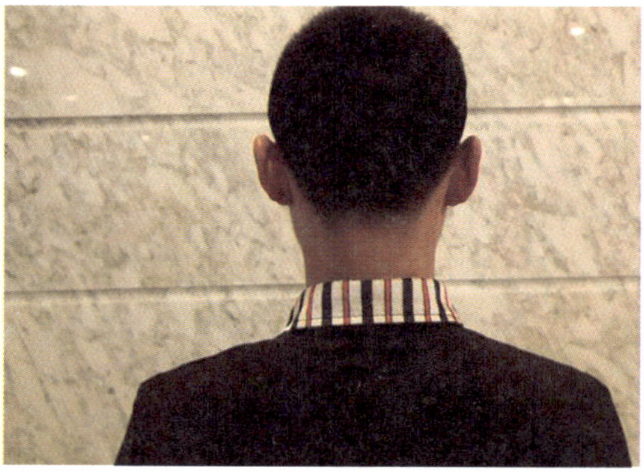

图2-1-4　男员工头部

图2-1-5　面部

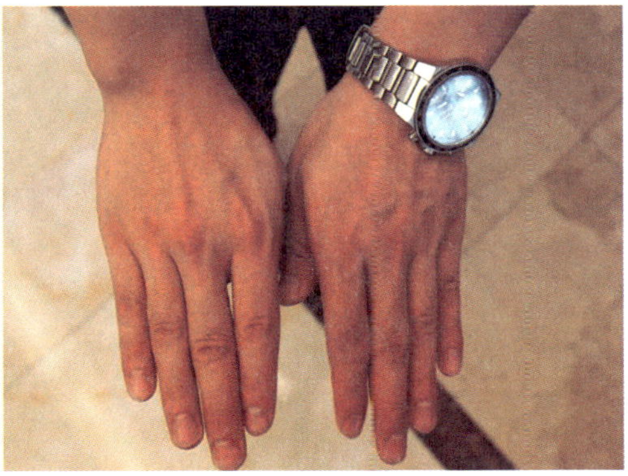

图2-1-6　手部

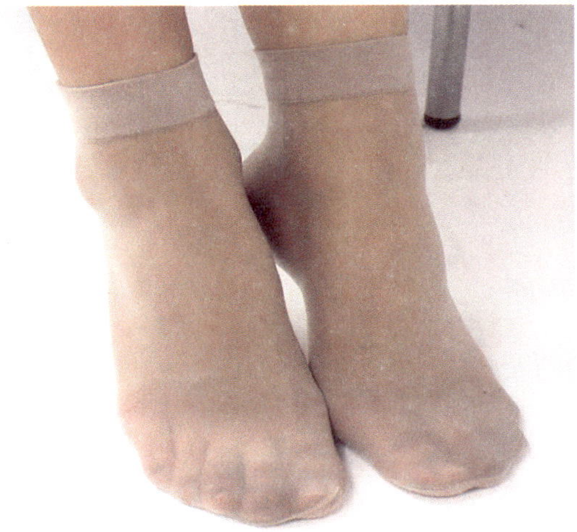

图2-1-7　女员工穿肉色无花纹丝袜

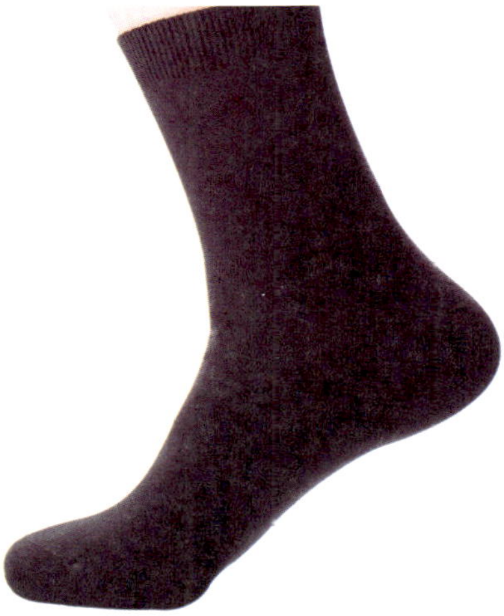

图2-1-8　男员工穿深色袜子

图2-1-9　女员工黑布鞋或黑皮鞋

图2-1-10　男员工黑色皮鞋

（图片来源：上海沪华酒店管理有限公司）

## 任务评价

表2-1-4　仪态重塑评价表

| 内容 | 评价项目 | 评价标准 | 分值 | 扣分 | 得分 |
|---|---|---|---|---|---|
| 仪态重塑 | 仪态 | 语言 | 5 | | |
| | | 表情 | 5 | | |
| | | 眼神 | 10 | | |
| | | 手势 | 5 | | |
| | | 动作 | 5 | | |
| | | 站姿 | 5 | | |
| | | 坐姿 | 5 | | |
| | | 走姿 | 5 | | |
| | | 微笑 | 10 | | |
| | | 头部 | 5 | | |
| | | 面部 | 5 | | |
| | | 手部 | 5 | | |
| | | 口部 | 5 | | |
| | | 腿部 | 5 | | |
| | | 脚部 | 5 | | |
| | | 身体 | 5 | | |
| | | 制服 | 5 | | |
| | | 整体 | 5 | | |
| | 总分 | | 100 | | |

## 任务思考

如何重塑自己的仪态，感受仪态礼仪中的传统文化？

## 任务拓展

选择当地的一家农家乐、乡村酒店或度假村餐厅，开展一次仪态培训。

## 知识链接

### 礼仪的尺度（金台随感）

人际交往中讲礼仪，属于文明社会约定俗成的一种共有行为规范。尤其植根于中华文化深厚的土壤里，待人接物的基本礼貌，永远必不可少。恰到好处的待客之道，极易给人以亲和、友善之感，能拉近彼此的心理距离，对于传递信任、增进了解、融洽感情、推动合作，有时能够产生超乎寻常的边际效应。

然而现实生活中，人们也会经常看到一些匪夷所思的不良现象。比如，有的在迎来送往过程中满嘴庸俗的客套话，自我贬损式的虚假奉承不绝于耳；有的为应付外来参观或专项检查，临时刷墙贴标、突击编撰精美台账，访客一走，一切立马照旧；有的在工作交流时翻来覆去使用空洞的片汤话，强硬塞入的PPT花里胡哨，一入正题完全没有任何实质性内容；有的在上级考察时前呼后拥、过度招待，提前安排参观路线、受访对象，甚至排练发言，刻意把求实的调研演变为虚拟脚本的走秀；有的热衷于声势浩大的签约仪式和工程典礼，租豪华场地、雇礼仪服务，隆重的排场与干瘪的议程形成巨大反差。这些重外在仪式而轻实际内容的所谓“礼”的形式主义痼疾，用表面的热情掩盖了心底的冷漠，失去了人与人之间应有的真诚，将时间、金钱和精力耗费在毫无意义的表面文章上，既降低了工作效率，又助长了以表演替代实干的飘浮歪风，于国于民于己都是极其有害的。

凡事皆有度。不讲礼貌，对人冷若冰霜、拒之千里，估计无法建立最基本的信任。而表里不一、形式大于内容的过火客套，同样也会把事情搞砸。适度的礼仪不仅是一种基于真诚、尊重和富有同理心的社交态度，更是一种流程简捷、操作规范且富有效率的务实作为。无论是私交还是职场，迎来送往中，礼仪的本质与精髓，在乎真挚的情感传递，而不是表面上的虚伪敷衍或程序上的繁文缛节，其理想状态当是在分寸适度、沟通充分的基础上，达成互信增加、共识增多的最佳效果。

适度的礼仪应以真诚与尊重为本。真诚与尊重不能流于形式，不是虚与委蛇的假意应酬，而是发自内心的情感表达，它不但表现在礼貌的言语上，而且深刻体现于坦诚的交心与善意的待人之中。无论上级、同辈还是下属，正式场合的公务交往尽管也会遵循长者优先、先客后主的基本礼节，但真正、真诚的客气，既无须低声下气，也不必居高临下，而是一种平等的对话与交流。平等的边界是相互尊重，是同理心驱动的设身处地的换位思考，是坦诚相见且保持舒适感的和谐互动，是双方都能深切感受到的被尊重的温暖和不被绑架的自由。

适度的礼仪是不失热情的简约。热情待客是人之常情，但热情不是一味地讨好，热情过度几近虚伪。简约而又热情的礼仪，是把冗余的流程与必要的礼节严格区分开来，尽量简化接待程序，减少冗长客套，避免繁琐操作，最大可能地节省主客双方的时间和精力。这里的简约不是简单，简约的礼仪自然也有服从于实际需要的某些仪式，但更注重内涵与品质，注重营造温馨而雅致的现场氛围，目的无非是让来宾在轻松愉快中感受到主人的精心与热情。

适度的礼仪更强调务实的效率与效果。高效的接待需要以结果为导向预先设计，需要用精细的职业精神聚焦会谈的核心议程。针对调研、座谈或工作汇报的实际要求，事先备好相关资料、列出问题清单、提出预期目标，力避冗长的寒暄或无关紧要的泛泛空谈，以精准的时间掌控，确保信息传递的清晰、准确和交流沟通的效率与成效。

人际的交往与情感的交流，决定了迎来送往的客观存在，实属社会生活常态。某些重形式而轻实效、重过程而轻结果的不良行为之所以广受诟病，要害在于虚与实、表与里、动机与效果的完全割裂与背离。如何更好地平衡礼仪与效率效果，真正让礼仪回归彰显文明礼貌、促进合作交流的本质与初衷，是一个事关政风、民风和社会风气的显性问题，理应引起全社会的高度重视。

（资料来源：郭运德．礼仪的尺度（金台随感）[N/OL]．人民日报，2025-03-19(20)[2025-04-07]．http://paper.people.com.cn/rmrb/pc/content/202503/19/content_30062702.html．）

# 任务二
# 操作托盘

操作托盘

## 任务目标

1. 了解托盘的用途、种类及使用方法。
2. 熟练掌握轻托、重托、端托的操作规范。
3. 具备熟练、优雅、规范使用托盘服务的能力。
4. 了解托盘发展蕴含的饮食文化，丰富文化素养。

## 任务描述

小枚叔叔的乡村酒店开业后，为提升服务员托盘操作技能，叔叔请小枚利用自己所学的专业知识和技能对服务员进行托盘规范操作培训。她该如何培训？

## 任务分析

托盘操作是餐饮服务中最基本的技能之一，有轻托、重托和端托等方式。不同的物件和场合需选择不同的托盘方式，主要掌握三种托盘操作的流程。托盘操作的熟练度、优雅度和准确度往往是评价餐饮服务水平的标准之一，是餐饮服务的基本技能，重点在于“五步”操作（理、装、起、运、落），难点是运送托盘时遇突发情况的操作处理。

## 任务实施

阅读学习支持及相关资料，了解托盘的操作规范和蕴含的文化意义，训练熟练、优雅、规范使用托盘的服务能力，丰富文化素养。

表 2-2-1 工作表单

| | |
|---|---|
| 任务目标 | 熟练、优雅、规范使用托盘。 |
| 任务地点 | 当地乡村酒店等。 |
| 任务目的 | 通过技能训练，掌握托盘的操作规范。 |
| 任务准备 | 评价表、分析记录本等。 |
| 任务要求 | 学生分组，8人一组进行训练。 |
| 任务考核 | 教师根据《轻托任务考核评价表》《重托任务考核评价表》《端托任务考核评价表》进行评分。 |

## 操作流程

1. 轻托

表 2-2-2 轻托操作程序与规范

| 程序 | 规范 |
|---|---|
| 准备物品 | 中、小型托盘，垫盘布巾，饮料瓶、易拉罐、酒瓶若干，各式酒杯若干。 |
| 理盘 | 准备托盘，清洁托盘，铺平洁净布巾，布巾四边与盘底对齐，整洁美观。 |
| 装盘 | 根据物品的形状、体积和派发先后顺序合理装盘。重物、高物要放中央，轻物、低物放外侧；先上桌的物品在上、在前，后上桌的物品在下、在后，物品间有间隔。 |
| 起托 | 起托时左脚向前一步，站成弓形步；上身向左、向前倾斜，用右手将托盘的1/3拉出桌面，左手与托盘持平；按轻托要领将左手伸入盘底，待左手掌握重心后将右手放开；左脚收回一步，使身体呈站立姿势。 |
| 站立与行走 | 站立上身挺直，目视前方；行走步伐稳健。 |
| 落托 | 落托时先将体态调整到站立姿态，左脚向前一步，上身前倾，使左手与台面处于同一平面，用右手协助将托盘向前轻推，使托盘置于桌面上，左脚收回一步，保持身体为站立姿态。 |

### 2. 重托

表 2-2-3　重托操作程序与规范

| 程序 | 规范 |
| --- | --- |
| 准备物品 | 大号方形托盘，垫盘布巾，中号汤盆若干。 |
| 理盘 | 每次使用前要清洁盘面并消毒，在盘内铺上洁净的专用布巾。 |
| 装盘 | 装盘时要重心对称，物品摆放要均匀并有一定的间隔。 |
| 起托 | 屈膝弯腰，双手将托盘的1/3拉出桌面；按要领将左手伸入盘底，左手掌握重心后将右手放开用全掌托住托盘；用右手协助将托盘送至肩上，使身体呈站立姿势，待左手掌握重心后右手放开。 |
| 站立与行走 | 站立时头正、肩平，上身挺直，两眼目视前方；行走时托盘应与身体保持一定间距，步伐不要太大。 |
| 落托 | 落托时先将体态调整到站立姿态，左脚向前一步，屈膝转腕，使左手与台面处于同一平面，用右手协助将托盘向前轻推，使托盘置于桌面上，收回左手、左脚，使身体呈站立姿态。 |

### 3. 端托

表 2-2-4　端托操作程序与规范

| 程序 | 规范 |
| --- | --- |
| 单手端一个盘 | (1)食指、中指、无名指托盘(碗)底边棱，拇指跷起稳压盘(碗)边。<br>(2)以正常速度前进，至桌前保持盘(碗)平稳。<br>(3)双手朝桌上轻放，如端鱼盘(椭圆形盘)，应端短直径的一边，方法与上相同。 |
| 单手端二个盘 | (1)先用食指勾托盘(碗)底，拇指跷起稳压盘(碗)边，端起第一盘(碗)。<br>(2)然后再用无名指和小指托住第二盘(碗)，使其平稳。 |
| 单手端三个盘 | (1)左手食指和拇指自然平伸，将第一盘的边沿插入左手虎口(盘子的重心落在虎口以外)，盘底边棱横搭在食指上。<br>(2)拇指压住第二盘的盘边，并将第二盘边沿紧靠掌心。<br>(3)用中指托住第三盘，将第二盘的边沿下部及食指根部稳压住第三盘的盘边。 |

## 学习支持

### 一、轻托

轻托也称“腰托”，通常应用于托送较轻的物品或进行派菜、斟酒。轻托经常在客人面前操作，其熟练程度、优雅程度和准确程度是客人评价餐饮服务水平高低的标准之一。

### 二、重托

重托也称“肩托”，主要是托载较重、较多的茶点、酒水和盘碟。西餐的上菜与派菜，多用重托。重托将物品托在肩部，在运送过程中容易被客人看到，可以避免碰撞等事故发生，同时又能起到吸引视线、激发客人联想、调解情趣之效。

### 三、端托

端托也称为“徒手低托”，主要应用于西餐上菜和撤盘。一般均用左手单手端盘。端时上下臂成90°角，右手用于做其他工作。由于徒手低托是在客人面前完成的，所以具有表演性，技艺要求高，难度大，用来向客人展示精致的菜品，以刺激客人的消费欲望。

图2-2-1　椭圆形托盘

图2-2-2　方形托盘

## 任务训练

1.100米托盘训练

学生每8人一组，在实训室或户外的大场地来回合计100米托盘路线上，进行操作练习（男8瓶、女6瓶）。托盘训练示范如图2-2-3至图2-2-14所示。

每张椅子如同一个人站在那里，经过时要提前打招呼，而且招呼用语不可以重复。每张椅子的前后左右要摆成一条线。

来回只能走在自己的线道上，去时摆手，回来时要背手。

托盘摆放在酒瓶上方，且要摆成一条线，瓶正标要全部统一向外。

图2-2-3　提前预备

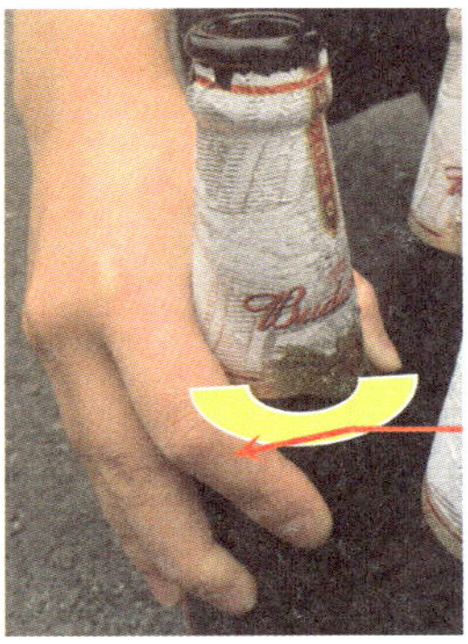

大拇指与食指捏于瓶口下方肩部。

先拿右下方的酒瓶，且要竖着拿。

图2-2-4　起托（大拇指与食指）

靠托盘内侧边沿摆放，手要保持托于托盘的重心。

图2-2-5　起托（重心）

所有瓶正标要向外，最后一瓶拿起并起身，边走边放。

图2-2-6　起托(正标向外)

起身走时要和老师说:“××再见，大家再见!”边走边说边放瓶。

图2-2-7　走托(起身)

要轻快地走，不能跑；注意摆手姿势、保持微笑和招呼声。

图2-2-8　走托(轻走微笑)

转身背手保持姿势、微笑和招呼声。

图2-2-9 走托(转身姿势)

走到最后一张椅子后拿下一个酒瓶在手里并向老师打招呼:“××好,大家好!”

图2-2-10 落托(拿下酒瓶)

走到起点后在右手方向,向后转身落托。

图2-2-11 落托(转身落托)

人蹲下时，拿在手里的那个酒瓶也刚好同时落地。

图2-2-12　落托（酒瓶落地）

放完最后一瓶，边起身边放托盘。
学生（敬礼）：“报告××，××操作完毕！”
学生报告完毕后，老师看表报时：“××分××秒。”
学生：“谢谢××！”

图2-2-13　放托报告

一旦起托右手不可扶托盘，扶一次原地停留5秒。

有瓶倾倒，右手抱起并整理好，瓶掉地零分。

图2-2-14　放托报告

（图片来源：上海沪华酒店管理有限公司）

2. 学生托盘比赛

组织学生分组开展一次托盘比赛。

## 任务评价

表2-2-5　轻托任务考核评价表

| 内容 | 评价项目 | 评价标准 | 分值（分） | 扣分（分） | 得分（分） |
|---|---|---|---|---|---|
| 轻托 | 准备（5分） | 托盘、垫盘布巾等物品准备齐全 | 5 | | |
| | 理盘（10分） | 托盘清理干净 | 5 | | |
| | | 盘布铺平，洁净的布巾四边与盘底对齐 | 5 | | |
| | 装盘（15分） | 物品装盘顺序合理 | 5 | | |
| | | 物品装盘重心稳 | 10 | | |
| | 站立与行走（40分） | 站立正确 | 10 | | |
| | | 行走方式正确，步伐稳健 | 10 | | |
| | | 托盘服务重心稳 | 10 | | |
| | | 盘悬于客位之外 | 10 | | |

续表

| 内容 | 评价项目 | 评价标准 | 分值（分） | 扣分（分） | 得分（分） |
| --- | --- | --- | --- | --- | --- |
| 轻托 | 整体印象（20分） | 姿态自如 | 5 | | |
| | | 动作娴熟 | 5 | | |
| | | 仪容仪表符合岗位要求 | 10 | | |
| | 时间（10分） | 在规定时间内完成操作 | 10 | | |
| | 总分 | | 100 | | |

（注：托盘打翻、物品落地计0分。）

表2-2-6　重托任务考核评价表

| 内容 | 评价项目 | 评价标准 | 分值（分） | 扣分（分） | 得分（分） |
| --- | --- | --- | --- | --- | --- |
| 重托 | 准备（5分） | 托盘、垫盘布巾等物品准备齐全 | 5 | | |
| | 理盘（10分） | 托盘清理干净 | 5 | | |
| | | 盘布铺平，洁净的布巾四边与盘底对齐 | 5 | | |
| | 装盘（20分） | 物品装盘有序 | 5 | | |
| | | 右手扶托盘 | 5 | | |
| | | 汤汁不能洒出 | 10 | | |
| | 行走（40分） | 汤汁不能洒出 | 10 | | |
| | | 托盘上下移动幅度不能过大 | 10 | | |
| | | 不能直接从托举盘上取物 | 10 | | |
| | | 待客礼貌 | 10 | | |
| | 整体印象（20分） | 姿态自如 | 5 | | |
| | | 动作娴熟 | 5 | | |
| | | 仪容仪表符合岗位要求 | 10 | | |
| | 时间（5分） | 在规定时间内完成操作 | 5 | | |
| | 总分 | | 100 | | |

（注：托盘打翻、物品落地计0分。）

表2-2-7 端托任务考核评价表

| 内容 | 评价项目 | 评价标准 | 分值（分） | 扣分（分） | 得分（分） |
|---|---|---|---|---|---|
| 端托 | 准备（5分） | 托盘、垫盘布巾等物品准备齐全 | 5 | | |
| | 单手端一个盘（20分） | 大拇指不能前伸或内扣，以防污染盘子 | 10 | | |
| | | 放盘稳，不能将汤汁洒出 | 10 | | |
| | 单手端二个盘（30分） | 手臂力度适当 | 10 | | |
| | | 腕力力度适当 | 5 | | |
| | | 指力力度适当 | 5 | | |
| | | 不能将汤汁洒出 | 10 | | |
| | 单手端三个盘（30分） | 拇指和小指的高低要相同 | 10 | | |
| | | 手臂力度适当 | 10 | | |
| | | 腕力力度适当 | 5 | | |
| | | 指力力度适当 | 5 | | |
| | 整体印象（15分） | 姿态自如 | 5 | | |
| | | 动作娴熟 | 5 | | |
| | | 仪容仪表符合岗位要求 | 5 | | |
| | 总分 | | 100 | | |

（注：托盘打翻、物品落地计0分。）

## 任务思考

如何处理运送托盘中的突发情况？

## 任务拓展

调查当地的一家农家乐、乡村酒店或度假村餐厅，写一篇服务员托盘技能情况的调查报告。

## 知识链接

### 小托盘与大文化

历史上，托盘称“案”，又称“食案”，进食用的托盘，形体不大，有四足或三足，足很矮。食案起源很早，早在新石器时期的遗址中就出土了食案。《太平御览》中曾指出：“太子常与荆轲同案而食。”

古人进食时常“举案齐眉”，以示敬意。《后汉书·梁鸿传》：“为人赁舂，每归，妻为具食，不敢于鸿前仰视，举案齐眉。”

举案齐眉大致意思：汉代的梁鸿、孟光是一对恩爱夫妻；梁鸿每天回到家里时，妻子孟光都为他准备好了饭食，她不敢在梁鸿面前抬头，而是将盛食案盘举到和眉毛平齐的位置，以示对梁鸿的尊敬，后用以形容夫妻相互敬爱。

举案齐眉中的“案”就是一个托盘。今天的托盘就是一个盘子，当时的托盘即“案”，带有四个足，与我们今天所说的书案形制非常接近。从这些记述可以看出食案的作用跟上食用的托盘相同，但托盘上食后要撤下来，食案则不撤起着饭桌的作用，这是与托盘不同的地方。

敦煌莫高窟盛唐148窟南壁弥勒经变中描绘的宴饮场面中有一白色帷帐，帐中心摆有一大型帷幔食案，食案周围有青色帷幔，案面四周画有褐色拦水线，案面中心摆有杯、餐盘等用餐器具，数人分别坐在案两边。

图2-2-15　敦煌莫高窟盛唐148窟南壁壁画中的“帷幔食案”

# 任务三

# 折叠餐巾花

折叠餐巾花

## 任务目标

1. 了解餐巾的作用、种类、选择原则及摆设要求。
2. 熟练掌握餐巾折花的基本技法及操作规范。
3. 具备设计适用于不同主题宴会餐巾折花的能力。
4. 了解餐巾发展中蕴含的餐桌美学与餐饮文化，丰富文化素养。

## 任务描述

小枚完成对服务员托盘技能的培训后，发现服务员餐巾折花不规范、不美观。为美化餐桌，传递情感，给客人带去艺术上的享受，她决定对服务员进行餐巾折花技能培训。她该如何进行培训？

## 任务分析

折叠餐巾花是从事餐饮服务需要掌握的基本技能之一。运用不同的折叠方法，经过叠、折、卷、穿、翻、拉、提等步骤将一块餐巾折叠成为美丽的巾花，就是餐巾折花。折叠餐巾花的重点在于餐巾花折法，难点在于设计与宴会主题相符的餐巾折花造型。

## 任务实施

阅读学习支持及相关资料，了解餐巾折花的技法、作用及蕴含的餐桌美学与餐饮文化，认识到餐巾折花既是一种美的升华，更是餐饮服务员美化生活的艺术创造。

表2-3-1 工作表单

| | |
|---|---|
| **任务目标** | 掌握餐巾折花的基本技法及操作规范，认识其蕴含的餐桌美学与餐饮文化。 |
| **任务地点** | 当地乡村酒店等。 |
| **任务目的** | 通过技能训练，掌握餐巾折花技法。 |
| **任务准备** | 评价表、分析记录本等。 |
| **任务要求** | 学生分组，8人一组进行训练。 |
| **任务考核** | 教师根据《折叠餐巾花评价表》进行评分。 |

## 操作流程

表2-3-2 折餐巾花程序与规范

| 程序 | 规范 |
|---|---|
| 准备 | 1. 操作前要洗手消毒。<br>2. 准备好已消毒的托盘、餐巾、水杯、筷子。<br>3. 正反面检查餐巾是否符合要求。<br>4. 了解客人对花型的禁忌、喜好。 |
| 基本要求 | 1. 简化折叠方法，要求一次成型。<br>2. 餐巾折花设计要求美观和谐，符合宴会主题。<br>3. 熟练运用餐巾折花的折叠技法。 |
| 折花技法 | 通过叠（最基本手法）、折、卷、穿、翻、拉、提等基本折叠技法，一次成型杯花和盘花。 |

## 学习支持

### 一、餐巾的含义

餐巾俗称口布，是一种四边相等的小方巾布，客人在餐厅用餐时将其放在衣襟前或膝上，以免菜汁、酒水弄脏衣服。

### 二、餐巾折花的种类和规格

#### （一）种类

餐巾折花按折叠方法与放置用具的不同分为杯花、盘花和环花。按折花的外观形状分类，大体分为植物、动物、实物造型。

##### 1. 植物造型

根据植物花形折制，有梅花、迎春花、桃花、玉兰、月季、荷花、鸡冠花、水仙花等四季花卉造型。按植物叶、茎、果实等形状折制，有春芽、荷叶、竹笋、姜芽、仙人掌、寿桃等造型。

##### 2. 动物造型

有孔雀、鸽子、企鹅、长颈鹿、蝴蝶、金鱼、仙鹤、海鸥等造型。造型选取动物的特征，形象生动、活泼可爱。

##### 3. 实物造型

模仿日常生活中各种实物折叠餐巾花，如花篮、折扇、假山、帽子、领带、披肩等造型。

图2-3-1　餐巾花（中餐）

图2-3-2　餐巾花（西餐）

### (二)规格

餐巾的大小规格不尽相同,一般不能小于40 cm且不大于50 cm,否则就难看难折,操作不便。

## 三、餐巾折花的基础折叠法

### (一)基本方法

(1)叠:堆叠、折叠。

(2)折:主要是折裥,也叫打折或提折。

(3)卷:就是将折叠好的餐巾卷成圆形的一种手法,可分为平行卷和斜角卷两种。

(4)穿:使用工具从餐巾的夹层折缝中穿过去形成皱褶,使造型更加逼真美观的一种方法。

(5)翻:翻的含义较广,如折制餐巾过程中上下、前后、左右、里外改变部位的翻折。

(6)拉:就是牵引。折巾中,拉常常与翻的动作相配合。在翻折的基础上使造型挺直往往就要使用拉的手法。

(7)提:主要应用于做鸟与其他动物的头。

### (二)初步折叠成型

初步折叠可分为正方折叠、长方折叠、长方翻角折叠、条形折叠、三角折叠、棱形折叠、锯齿折叠、尖角折叠、提取翻折、翻折角折叠等十余种。每种基础造型通过局部变化就能折成多种花型。

## 四、餐巾折花的作用

### (一)保洁

餐巾是一种保洁用品,既可用于擦拭碗筷等餐具,又可摊在膝上,防止菜汤、酒水沾污衣服。

### (二)美化

餐巾折花是餐饮服务员美化生活的艺术创造。服务员通过灵巧的双手,精心折叠,把一块小小的餐巾折成了丰富多样的形态,对席面起到了点缀美化的作用,增添了庄重热烈的气氛,给人以艺术上的享受。

### (三)渲染气氛

不同的餐巾折花造型及摆设,还可以标志主宾席位,渲染宴会的气氛。如在席位上设置一个迎宾花盘,显而易见,这是主人对来宾的热烈欢迎。在结婚喜宴上,采用"鸳鸯""喜鹊""玫瑰花"等造型,则可表达人们对新人的美好祝愿。在老人面前摆设"寿桃""仙鹤""鲜花",在小朋友面前摆放"金鱼""小鸟"等,都是无声而独特地传递着祝福和期望,增进宾客之间的感情。

## 五、餐巾折花的基本要求

(1)操作前要洗手消毒,在干净卫生的托盘或餐盘中操作。

(2)操作时不允许用嘴叼,口咬。

(3)放花入杯时要注意卫生,手指不允许接触杯口,杯身不允许留下指纹。

(4)折叠要简便,减少反复折叠次数。

(5)餐巾花造型要与气氛和谐。

## 任务训练

学生每8人一组,在实训室进行餐巾折花练习。

### 1. 5分钟训练

5分钟内完成10种不同造型的餐巾杯花,要求花型高低错落、美观大方;设计不同主题餐饮活动的用花,要求符合宴会主题,花型选择准确、合理。

### 2. 3分钟训练

3分钟内完成6种不同造型的餐巾盘花,要求花型挺拔、整洁、美观;设计不同造型的餐巾环花,要求花型大方、整洁、美观。

## 任务评价

表 2-3-3　折叠餐巾花评价表

| 内容 | 评价项目 | 评价标准 | 分值（分） | 扣分（分） | 得分（分） |
|---|---|---|---|---|---|
| 折叠餐巾花 | 动作（20分） | 要求折叠动作规范、熟练、优美 | 5 | | |
| | | 折叠好的餐巾花形象逼真、线条挺括 | 5 | | |
| | | 注意操作卫生，折叠时要在平盘内进行，不允许用牙咬和其他辅助用品 | 5 | | |
| | | 叠餐巾花要分正反面 | 5 | | |
| | 种类（20分） | 5分钟内完成10种不同造型的餐巾杯花，要求花型美观 | 10 | | |
| | | 3分钟内完成6种不同造型的餐巾盘花，要求花型美观 | 10 | | |
| | 造型（30分） | 叠餐巾花摆放整齐，高矮有序，突出正副主人位置 | 15 | | |
| | | 摆放餐巾花要将观赏面朝向客人 | 15 | | |
| | 整体印象（20分） | 姿态自如 | 5 | | |
| | | 动作娴熟 | 5 | | |
| | | 仪容仪表符合岗位要求 | 10 | | |
| | 时间（10分） | 在规定时间内完成操作 | 10 | | |
| | 总分 | | 100 | | |

## 任务思考

如何设计与宴会主题相符的餐巾折花造型？

## 任务拓展

调查当地的一家农家乐、乡村酒店或度假村餐厅，组织一次餐巾折花培训。

## 知识链接

### 餐巾趣事

餐巾是正规宴席上用于保洁的方巾。据说在15、16世纪时的英国，因为还没有剃刀，男人们都留着大胡子。在当时还没有刀叉的情况下，手抓肉食时很容易把胡子弄得全是油，他们便扯起衣襟往嘴上擦。于是，家庭主妇就在男人的脖子上挂块布巾，这是餐巾由来的一种说法。由于这种大块的餐巾使用时显得过于累赘，英国伦敦有一名裁缝想出了一种新主意，将餐巾裁成一块块的小方块，使用时挺方便，从而逐渐形成了现在宴席上用的餐巾。在清代皇宫中，皇帝用餐时会使用一种称为"怀挡"的餐巾，它十分别致，用明黄（皇帝御用的颜色）绸缎绣制，绣工精细，花纹别致，福寿吉祥图案华丽夺目。餐巾的一角还有扣绊，便于就餐时套在衣扣上。这种具有中国特色的餐巾，比一般的西方餐巾要华贵得多，且使用方便，跟现在婴儿吃饭时使用的"围嘴儿"异曲同工。

图2-3-3　黄色绸绣暗八仙祝寿纹怀挡

（清光绪，长84 cm，宽82 cm，北京故宫博物院藏）

# 任务四 铺台布

铺台布

## 任务目标

1. 了解台布的种类及规格。
2. 熟练掌握各种铺台布的操作方法。
3. 具备根据不同场景选择和运用适当方法铺台布的能力。

## 任务描述

小枚完成餐巾折花技能培训后，为提升服务员铺台布技能，她想继续对服务员进行铺台布分组培训。她该如何进行培训？

## 任务分析

铺台布是餐饮服务员须具备的最基本技能之一，即服务员通过平铺式、推拉式、撒网式、肩上式等方式一次性铺好台布。铺台布重点是熟练掌握各种铺台布的操作方法，难点是根据不同场景选择和运用合适方法一次性铺好台布。

## 任务实施

阅读学习支持及相关资料，了解铺台布的动作及要领，具备根据不同场景，选择和运用适当方法铺台布的能力。

表 2-4-1 工作表单

| | |
|---|---|
| **任务目标** | 熟练掌握各种铺台布的操作方法。 |
| **任务地点** | 当地乡村酒店等。 |
| **任务目的** | 通过技能训练，掌握铺台布的动作及要领。 |
| **任务准备** | 评价表、分析记录本等。 |
| **任务要求** | 学生分组，8 人一组进行训练。 |
| **任务考核** | 教师根据《铺台布评价表》进行评分。 |

## 操作流程

### 1. 圆台铺台布

表 2-4-2 圆台铺台布程序与规范

| 程序 | 规范 |
|---|---|
| 准备 | 准备好规格适宜的干净台布一块；站立在副主人的位置上。 |
| 打开抓起 | 将台布打开，正面朝上，用大拇指和食指抓住台布靠近身体的一边，其余三指快速抓住台布其余部分。注意两臂以中线为轴，间距要与肩同宽。 |
| 抛出定位 | 将抓起的台布用力向对面(即主人位)抛出。要求台布正面向上(折线凸向为正面)，中心线对准主位，十字中心点居桌中，台布平整，四边下垂部分均匀，垂直部分与地面距离相等，不可搭地。 |

### 2. 长台铺台布

表 2-4-3 长台铺台布程序与规范

| 程序 | 规范 |
|---|---|
| 准备 | 准备好规格适宜的干净台布两块；站立在长台中间的位置上。 |
| 打开抓起 | 将台布打开，正面朝上，用大拇指和食指抓住台布靠近身体的一边，其余三指快速抓住台布其余部分。注意两臂以中线为轴，间距要与肩同宽。 |
| 抛出定位 | 将抓起的台布用力向对面推出；由里向外依次将台布铺完。台布正面一律向上，台布之间要求中心线对齐，台布压贴的方法和铺设的距离要一致；台布相对的两侧下垂部分要均匀，做到美观、整齐。 |

## 学习支持

### 一、台布含义和种类

台布又叫桌布，是铺在桌面上的一类纺织品，除了方便清理外，还是一种舒适美观、高雅华丽的装饰品，所以台布主要起保洁、装饰和方便服务的作用。台布的面料、颜色及编织花纹丰富多样，如餐厅台布通常采用纯棉、涤棉、亚麻、化纤等面料，颜色有红、蓝、米黄、白色等，花纹有色织条格、印花等。

图2-4-1　各类台布

### 二、台布的规格

台布形状有正方形、圆形和长方形。台布大小根据桌面而定。

180 cm×180 cm的台布，可供4～6人餐桌使用。

220 cm×220 cm的台布，可供8～10人餐桌使用。

240 cm×240 cm的台布，可供12人餐桌使用。

260 cm×260 cm的台布，可供14～16人餐桌使用。

180 cm×360 cm的台布，可供西餐长台使用。

在零点餐厅里使用较多的是180 cm×180 cm和220 cm×220 cm的台布。

宴会厅通常使用240 cm×240 cm或260 cm×260 cm的台布。

### 三、铺台布的方法

#### （一）平铺式

平铺式适合西餐方台、大圆餐桌，或使用大圆形台布时，或有客人在餐台旁候餐时。基本步骤：

(1)将折好的台布放在餐台上,站立在副主人的位置上,准备铺台布。

(2)将台布打开,正面朝上。

(3)注意两臂以中线为轴,间距要与肩同宽。

(4)用大拇指和食指抓住台布靠近身体的一边,其余三指快速抓住台布其余部分。

(5)将抓起的台布放在胸前平直地向对面(即主人位)抛出。

(6)铺好的台布十字居中,四角下垂均匀。

### (二)推拉式

推拉式适合零点餐厅、规模较小的餐厅以及有客人在餐台旁候餐时使用。

(1)将折好的台布放在餐台上,站立在副主人的位置上,准备铺台布。

(2)将台布打开,正面朝上。

(3)注意两臂以中线为轴,间距要与肩同宽。

(4)用大拇指和食指抓住台布靠近身体的一边,其余三指快速抓住台布其余部分。

(5)用两手臂的臂力将台布沿着桌面向胸前合拢的同时,平直地向对面(即主人位)用力推出、打开、拉回。铺好的台布十字居中,四角下垂均匀。

### (三)撒网式

撒网式适合宴会厅或技术比赛场合使用。

(1)将折好的台布放在餐台上,站立在副主人的位置上,准备铺台布。

(2)将台布打开,正面朝上。

(3)注意两臂以中线为轴,间距要与肩同宽。

(4)用大拇指和食指抓住台布靠近身体的一边,其余三指快速抓住台布其余部分。

(5)双手提拿起台布至身侧后方,上臂随上身转体将台布斜着向前撒出去,将台布抛至前方时,上身同时转体回位,将台布平铺于台面上。铺好的台布十字居中,四角下垂均匀。

### (四)肩上式

肩上式适合宴会厅或技术比赛场合使用。

(1)将折好的台布放在餐台上,站立在副主人的位置上,准备铺台布。

(2)将台布打开,正面朝上。

(3)注意两臂以中线为轴,间距要与肩同宽。

(4)用大拇指和食指抓住台布靠近身体的一边,其余三指快速抓住台布其余部分。

(5)将抓好的台布提起,放到肩上用力向对面(即主人位)打开。铺好的台布十字居中,四角下垂均匀。

## 任务训练

### 1.铺台布训练活动

(1)教师讲解示范,学生学习铺台布的动作及要领。

(2)练习:学生每8人一组,在实训室内进行平铺式、推拉式、撒网式、肩上式铺台布方法训练。

### 2.铺台布比赛

学生分组进行铺台布比赛。

## 任务评价

表2-4-4 铺台布评价表

| 内容 | 评价项目 | 评价标准 | 分值(分) | 扣分(分) | 得分(分) |
|---|---|---|---|---|---|
| 铺台布 | 准备(20分) | 仪容仪表符合岗位要求 | 10 | | |
| | | 操作卫生 | 10 | | |
| | 过程(40分) | 站在主人位右侧,将椅子拉开,四种铺法任选一种,5秒内一次性到位,每超1秒扣10分,重复一次扣10分,用手大面积接触台布扣10分 | 10 | | |
| | | 正面朝上、中线居中,对准正副主人 | 20 | | |
| | | 台布下摆均匀 | 10 | | |
| | 动作(40分) | 姿态优雅 | 20 | | |
| | | 动作娴熟 | 20 | | |
| | 总分 | | 100 | | |

## 任务思考

比较中西餐服务中铺台布方法与技巧的区别。

## 任务拓展

调查当地的一家农家乐、乡村酒店或度假村餐厅，组织一次铺台布培训。

## 知识链接

### 桌布——餐桌的“时装”

为餐桌装饰一款新颖的桌布，不仅能起到一种美化作用，而且会让你心情惬意，胃口大开。时下，市场上流行的以下几种桌布，较受消费者欢迎。

新型双层桌布 以往的棉桌布一沾上油渍很难洗干净，普通的塑料桌布虽然易于清洗，但不经久耐用。如今你只要换上一块新型双层PVC桌布，以上问题便迎刃而解了。这种桌布表层是进口PVC材料，沾上油渍后用抹布可轻易擦除，内层为布织棉，使桌布的附着力大大增强，不会从餐桌上滑落，双层结构又大大增强了它的耐用程度和抗寒性能，即使在没有暖气的房间中也不易轻易干裂。

亚麻混纺桌布 亚麻具有一种返璞归真的质感，与棉混纺后制成的亚麻桌布，既有棉柔软的手感，又保留了麻的挺括、透气的特点，且质地细密，厚实，不缩水，不掉色，不掉毛，用来做桌布十分适合。

纯棉桌布 纯棉布自然朴实，质感清新。如棉织桌布毯，虽由纯棉制成，但因其三层的编织工艺，使整张桌布有亚麻织品自然原始的色彩和质感。

（资料来源：黄爱群．桌布——餐桌的“时装”[J]．建材工业信息，2000(12):59.）

# 任务五
# 摆台

摆台

## 任务目标

1.了解中西餐摆台所需用具。

2.熟练掌握中西餐摆台的要求、操作程序及规范。

3.具备规范、熟练设计与摆设中、西餐台面的能力。

## 任务描述

小枚完成对服务员的铺台布技能培训后，为提升服务员摆台技能，她想继续对服务员进行摆台技能培训。她该如何进行培训？

## 任务分析

摆台是餐厅服务员必须掌握的一项基本技能，也是宴会设计的重要内容。摆台是服务员根据就餐人数，将各种餐具按一定的规范铺设在台面上的工作过程，主要分为中餐便餐摆台、中餐宴会摆台、西餐早餐摆台、西餐午晚餐摆台、西餐宴会摆台。摆设成一席好的台面，能营造舒适高雅的就餐气氛。重点是中餐宴会摆台、西餐宴会摆台，难点是摆台的标准把握。

## 任务实施

阅读学习支持及相关资料，掌握摆台的用具、要求，培养规范、熟练设计与摆设中、西餐台面的创新能力。

表2-5-1 工作表单

| | |
|---|---|
| 任务目标 | 熟练掌握中西餐摆台的要求、操作程序及规范。 |
| 任务地点 | 当地乡村酒店等。 |
| 任务目的 | 通过技能训练，掌握中、西餐摆台的要求、操作程序及规范。 |
| 任务准备 | 评价表、分析记录本等。 |
| 任务要求 | 学生分组，8人一组进行训练。 |
| 任务考核 | 教师根据《中餐零点摆台评价表》《中餐宴会摆台评价表》《西餐早餐摆台评价表》《西餐午晚餐摆台评价表》《西餐宴会摆台评价表》进行评分。 |

## 操作流程

### 1. 中餐零点摆台

表2-5-2 中餐零点摆台程序与规范

| 程序 | 规范 |
|---|---|
| 摆台准备 | 将摆台物品准备齐全并做好餐具卫生检查(物品用具：各式餐桌、各式台布、托盘、餐椅、转盘；餐盘、汤碗、汤匙、筷子、筷架、各式酒杯、餐巾、味碟、茶杯、茶盘、牙签筒、花瓶、席位卡、菜单、公用餐具)。 |
| 铺台布 | 按圆台铺台布方法铺台布。 |
| 摆餐椅 | 4人桌，正、副主位方向各摆2位或每边各1位；6人桌，正、副主位方向各摆1位，两边各摆2位；8人桌，正、副主位方向各摆2位，两边各摆2位；10人桌，正、副主位方向各摆3位，两边各摆2位；12人桌，正、副主位方向各摆3位，两边各摆3位。 |
| 上转盘 | 8人以上餐台应摆转台，转台与餐台同心。 |
| 摆餐具 | 1.摆餐盘：摆在每位客人所对台面的正中，距桌边2 cm。<br>2.摆汤碗、汤勺：摆在餐盘左侧，汤碗上沿与餐盘上沿在同一水平线上，与餐盘间距1 cm；汤勺摆在汤碗内，勺把朝左。<br>3.摆筷架、筷子：筷架摆在餐盘右侧，与餐盘上沿成在同一水平线上，与餐盘间距1 cm，筷子尾部距桌边2 cm。<br>4.摆水杯：摆在餐盘正上方，与盘间距为1 cm。<br>5.摆餐巾：将杯花插入杯中，盘花置于餐盘之上。<br>6.牙签盅、调料架、花瓶摆在台面的固定位置上，多数餐厅要求摆在台布的中线附近。<br>7.8人以上餐桌台面应摆放公用筷架和筷子，供主人为客人布菜和其他人取菜用；公用筷、公用勺放在公用筷架上，摆在主位餐具上方或转台上。 |

2. 中餐宴会摆台

表 2-5-3　中餐宴会摆台程序与规范

| 程序 | 规范 |
| --- | --- |
| 摆台准备 | 将摆台物品准备齐全并做好餐具卫生检查。 |
| 铺台布 | 按圆台铺台布方法铺台布。 |
| 围台裙 | 按照围台裙的方法围好台裙。 |
| 摆餐椅 | 同中餐便餐摆台。 |
| 上转盘 | 8人以上餐台应摆转台，转台与餐台同心。 |
| 摆餐具 | 左手托盘，从主人座位开始按顺时针方向依次用右手摆放餐具。<br>1. 摆餐盘：摆在席位正中，从主位开始顺时针摆放，盘与盘之间距离要相等，盘边距离桌边 2 cm。<br>2. 摆汤碗、汤勺、味碟：汤碗位于餐盘左前方，汤勺放于汤碗中，勺把朝左，味碟位于餐盘右前方，二者中线成一条直线，与餐盘间距为 1 cm。<br>3. 摆筷架、筷子：筷架位于餐盘右侧上方，同汤碗、味碟中线在一条直线上，筷子放置在筷架上，尾部距桌边 2 cm。<br>4. 摆酒具：3 种酒杯可由大到小依次摆放，也可先摆放红酒杯（位于餐盘垂直中线上）定位，再摆白酒杯，最后放折好花的水杯。杯间距为 1 cm，与汤碗、味碟间距为 1 cm。<br>5. 摆公用餐具：10 人桌通常摆放两套公用餐具。分别放在正、副主人酒具的前方，公用勺和公用筷并排横放在公用盘上，筷子尾端和勺把一律向右。<br>6. 摆牙签盅：10 人桌宴会一般摆两个牙签盅，牙签盅放在公用盘右侧（公筷尾部），相距 1 cm。<br>7. 摆菜单：10 人桌一般放两张菜单，分别摆在主人、副主人餐具的一侧，其底部距桌边 1 cm。<br>8. 摆席位卡、座次卡：席位卡摆在每张餐桌的中央，台号朝向厅堂入口处；座次卡放在每个餐位正中，卡上姓名正对就餐者。<br>9. 餐台装饰品：摆放在餐桌中心位置上。 |

3. 西餐早餐摆台

表2-5-4　西餐早餐摆台程序与规范

| 程序 | 规范 |
| --- | --- |
| 摆台准备 | 将摆台物品准备齐全并做好餐具卫生检查(物品用具：餐盘、各式刀叉、各式酒杯、面包盘、黄油刀、餐巾、牙签盅、椒盐瓶、奶缸、糖缸、菜单、烛台、花瓶或鲜花、甜品餐具、咖啡杯、咖啡盘)。 |
| 铺台布或摆餐垫 | 按长台铺台布方法铺台布或根据饭店具体情况按餐位摆放餐垫。 |
| 摆餐具 | 1. 摆餐刀、餐叉：在席位的右侧摆餐刀，刀刃向左；在席位的左侧摆餐叉。餐刀与餐叉的距离以能摆放一个装饰垫盘为宜，一般为30 cm，刀、叉后端距桌边2 cm。<br>2. 摆面包盘、黄油刀：面包盘摆在餐叉左侧，距餐叉1 cm。黄油刀刀口朝盘心放在面包盘中轴线右侧，或刀口朝桌边横放于面包盘上。若放黄油碟，则置碟于面包盘上方，碟上放黄油刀。<br>3. 摆咖啡杯：可根据实际情况决定是否摆放，如需，则将咖啡杯连同垫碟摆放在餐刀上方，咖啡匙放在垫碟内，杯把和匙把向右。<br>4. 摆调味架、牙签盅、口纸杯：摆在餐厅规定的位置上。<br>5. 摆水杯：可根据不同餐式要求，决定是否在餐具上方放置水杯。 |

4. 西餐午晚餐摆台

表2-5-5　西餐午晚餐摆台程序与规范

| 程序 | 规范 |
| --- | --- |
| 摆台准备 | 将摆台物品准备齐全并做好餐具卫生检查。 |
| 铺台布 | 按长台铺台布方法铺台布或根据饭店具体情况按餐位摆放餐垫。 |
| 摆餐具 | 1. 摆餐盘：餐盘摆在席位正中，盘心正对椅背中间，盘边距桌边2 cm。<br>2. 摆餐刀、餐叉：在餐盘右侧摆餐刀，刀刃向左；在餐盘左侧摆餐叉，叉尖向上；菜肴中若有海鲜，则需加摆鱼刀、鱼叉。<br>3. 摆面包盘、黄油刀：面包盘摆在餐叉左侧，其盘心与餐盘盘心连线平行于桌边直线；黄油刀垂直桌边置于面包盘上。<br>4. 摆茶匙、甜品叉：在餐盘正上方平行横摆茶匙和甜品叉，茶匙把向右，甜品叉把向左。<br>5. 摆水杯：水杯摆在餐刀的正上方3 cm处。<br>6. 摆餐巾：将餐巾叠成餐巾花摆在餐盘正中位置。<br>7. 摆胡椒盅、盐盅(同早餐摆台)。<br>8. 摆烛台：一般只摆放于晚餐台面，放于餐台中央。 |

### 5. 西餐宴会摆台

表2-5-6　西餐宴会摆台程序与规范

| 程序 | 规范 |
| --- | --- |
| 摆台准备 | 将摆台物品准备齐全并做好餐具卫生检查。 |
| 铺台布 | 按长台铺台布方法铺台布。 |
| 摆餐具 | 1. 摆餐盘：用左手托盘，从主人席位开始用右手在每个席位正中摆放一个餐盘；盘子上端的花纹图案要摆正，盘与盘之间的距离要相等，盘边距桌边2 cm。<br>2. 摆餐刀、餐叉：在餐盘的左侧从右向左依次摆放3把不同种类的叉，叉把距桌边2 cm；在餐盘的右侧从左向右依次摆放配套的3把不同种类的刀、1把勺；刀刃一律朝向左侧，刀把距桌边2 cm，各刀叉间距为0.5 cm，刀叉距垫盘1 cm，其中鱼刀、鱼叉摆放的位置可略高于其他刀叉，其刀把、叉把距桌边5 cm。<br>3. 摆甜品刀、叉、勺：在餐盘正上方横放水果叉，叉齿向右、叉把向左；在其上方摆放水果刀，刀刃朝盘，刀把向左，与水果叉平行且间距1 cm，如果摆放甜品勺，有时甜品刀可不摆，勺放在刀的位置上，如三者都需要摆放，可交叉摆放。<br>4. 摆面包盘、黄油刀：在席位左侧餐叉外侧摆放面包盘，面包盘中心与餐盘中心对齐，盘边距餐叉1 cm；黄油刀置于面包盘上靠右侧边沿处，刀刃朝向面包盘盘心。<br>5. 摆杯具：杯具一律摆在餐刀上方，在餐刀3 cm处从最高的水杯摆起，从左到右依次摆放水杯、红葡萄酒杯、白葡萄酒杯，间距均为1 cm。<br>6. 摆餐巾：将叠好的餐巾盘花放在餐盘正中。<br>7. 摆调味架、牙签盅：按2～4人一套的标准摆放在餐台中心线位置上。<br>8. 摆花瓶或花篮：一般摆在席位中心，若两个则分别放置在餐台两个半区的中心上。花的摆放以不挡客人视线为宜。<br>9. 摆菜单：西餐宴会菜单一般每人1份，摆放在席位餐具上方或餐刀的右侧均可。 |

# 学习支持

## 一、摆台的用具和要求

### (一)中餐摆台

#### 1.用具

餐盘、汤碗、汤匙、筷子、筷架、各式酒杯、餐巾、味碟、茶杯、茶盘、牙签盅、花瓶、席位卡、菜单、公用餐具等。要方便客人就餐,便于服务员席间服务。

#### 2.要求

(1)台面要具有美感。

(2)台面要清洁卫生。

(3)宴会摆台要符合各民族、各地区的习俗。

### (二)西餐摆台

#### 1.用具

餐盘、各式刀叉、各式酒杯、面包盘、黄油刀、餐巾、牙签盅、椒盐瓶、奶缸、糖缸、菜单、烛台、花瓶或鲜花、甜品餐具、咖啡杯、咖啡盘等。

#### 2.要求

(1)餐盘摆在席位正中。

(2)左叉右刀,叉齿朝上,刀刃向左。

(3)各种餐具横竖成线、距离均等。

图2-5-1　中餐宴会摆台

图2-5-2　西餐宴会摆台

## 二、中餐主题宴会摆台创新

### (一)宴会主题创新

中餐主题宴会的特点是主题的单一性。宴会主题的背后往往蕴含着丰富的文化内涵。中餐主题宴会摆台创新,最重要是对宴会主题蕴含的文化进行创新性解读,深入挖掘文化底蕴。

### (二)艺术美感创新

中餐主题宴会摆台的创新设计应立足美学视角,通过艺术元素的有机融合,着力凸显“美”这一核心特质,使摆台艺术呈现出独特的审美价值与视觉魅力。

### (三)菜单设计创新

菜单设计的创新是中餐主题宴会摆台创新中的一个重要环节。菜单设计的创新主要是从菜单的色彩、风格以及主题等多个方面进行考虑,使菜单起到很好的信息呈现、品牌宣传、视觉美化的作用。

### (四)色彩搭配创新

根据宴会的主题,恰当地选择与主题相符的色彩。中餐主题宴会台面的色彩搭配主要分为对比色搭配、强色对比和互补色相配两类。

### (五)餐巾折花创新

餐巾折花可从颜色以及花式上进行创新。根据宴会的主题,结合餐具的形状、质地、色泽以及台布的颜色等,创新餐巾折花的颜色和花式,使其与宴会的台面融为一体,给人以艺术上的享受。

### (六)插花的创新

中餐主题宴会摆台以花装饰,可以烘托氛围,使人赏心悦目,增加食欲。可以通过不同类型的花达到不同的效果。

### (七)餐具和酒具选择和摆放的创新

餐具和酒具是宴会中的基本元素,也是中餐主题宴会摆台中最重要的因素,要做好餐具与酒具的摆放工作,使其起到美化摆台、渲染宴会主题的作用。

## 任务训练

### 1. 摆台训练活动

（1）示范：教师讲解示范，学生学习中餐零点摆台、中餐宴会摆台、西餐早餐摆台、西餐午晚餐摆台、西餐宴会摆台。

（2）练习：学生每8人一组，在实训室或户外的大场地按中西餐摆台要求进行操作。

### 2. 中西餐摆台比赛

开展学生中西餐摆台比赛。

## 任务评价

表2-5-7　中餐零点摆台评价表

| 内容 | 评价项目 | 评价标准 | 分值（分） | 扣分（分） | 得分（分） |
|---|---|---|---|---|---|
| 中餐零点摆台 | 仪容仪表（10分） | 仪容仪表。 | 5 | | |
| | | 操作卫生。 | 5 | | |
| | 动作标准（80分） | 摆转盘。 | 10 | | |
| | | 摆骨碟。 | 10 | | |
| | | 摆味碟。 | 5 | | |
| | | 摆筷架。 | 5 | | |
| | | 摆筷子。 | 5 | | |
| | | 摆汤碗、汤匙。 | 10 | | |
| | | 摆水杯。 | 10 | | |
| | | 放餐巾折花。 | 5 | | |

续表

| 内容 | 评价项目 | 评价标准 | 分值（分） | 扣分（分） | 得分（分） |
|---|---|---|---|---|---|
| 中餐零点摆台 | 动作标准（80分） | 摆花瓶。 | 5 | | |
| | | 摆调料、牙签。 | 5 | | |
| | | 摆烟灰缸。 | 5 | | |
| | | 拉椅定位。 | 5 | | |
| | 总体印象（5分） | 操作规范，动作娴熟、优雅。 | 5 | | |
| | 时间（5分） | 在规定时间内完成操作。 | 5 | | |
| | 总分 | | 100 | | |

表2-5-8 中餐宴会摆台评价表

| 内容 | 评价项目 | 评价标准 | 分值（分） | 扣分（分） | 得分（分） |
|---|---|---|---|---|---|
| 中餐宴会摆台 | 台布（4分） | 台布定位准确，十字居中，凸缝朝向主副主人位。 | 2 | | |
| | | 下垂均等，台面平整。 | 2 | | |
| | 桌裙或装饰布（4分） | 桌裙长短合适，围折平整或装饰布平整。 | 2 | | |
| | | 四周下垂均等。 | 2 | | |
| | 餐椅定位（10分） | 从主人位开始拉椅定位。 | 2 | | |
| | | 座位中心与餐碟中心对齐。 | 2 | | |
| | | 餐椅之间距离均等。 | 2 | | |
| | | 餐椅座面边缘距台布下垂部分距离1.5 cm。 | 4 | | |
| | 餐碟（或装饰盘）定位（10分） | 餐碟定位，标志对正。 | 2 | | |
| | | 碟间距离均等，相对餐碟与餐桌中心点三点一线。 | 4 | | |
| | | 距桌沿1.5 cm。 | 2 | | |
| | | 拿碟手法正确（手拿餐碟边缘部分），操作卫生。 | 2 | | |

续表

| 内容 | 评价项目 | 评价标准 | 分值（分） | 扣分（分） | 得分（分） |
| --- | --- | --- | --- | --- | --- |
| 中餐宴会摆台 | 味碟、汤碗、汤勺（10分） | 味碟位于餐碟正上方，相距1 cm。 | 2.5 | | |
| | | 汤碗摆放在味碟左侧1 cm处。 | 2.5 | | |
| | | 汤碗、味碟的中心点在一条水平直线上。 | 2.5 | | |
| | | 汤勺放置于汤碗中，勺把朝左，与餐碟平行。 | 2.5 | | |
| | 筷架、筷子、长柄勺、牙签（10分） | 筷架摆在餐碟右边，位于筷子上部三分之一处。 | 2 | | |
| | | 筷子、长柄勺搁摆在筷架上，长柄勺距餐碟3 cm。 | 4 | | |
| | | 筷尾距餐桌沿1.5 cm，筷套正面朝上。 | 2 | | |
| | | 牙签位于长柄勺和筷子之间，牙签套正面朝上，底部与长柄勺齐平。 | 2 | | |
| | 葡萄酒杯、白酒杯、水杯（20分） | 葡萄酒杯置于味碟正上方2 cm处。 | 5 | | |
| | | 白酒杯摆在葡萄酒杯的右侧，水杯位于葡萄酒杯左侧，杯肚间隔1 cm。 | 5 | | |
| | | 3杯成斜直线，与水平线呈30°角。如果折的是杯花，水杯待餐巾花折好后一起摆上桌。 | 5 | | |
| | | 摆杯手法正确（手拿杯柄或中下部），操作卫生。 | 5 | | |
| | 餐巾折花（20分） | 花型突出主位，符合主题，整体协调。 | 10 | | |
| | | 折叠手法正确、一次性成型、花型逼真、美观大方，操作卫生。 | 10 | | |
| | 菜单、主题名称牌（10分） | 菜单摆放在筷子架右侧，若两个菜单则分别摆放在正副主人位的筷子架右侧。 | 5 | | |
| | | 主题名称牌摆放在花瓶（花篮或其他装饰物）正前方，面对副主人位。 | 5 | | |

**续表**

| 内容 | 评价项目 | 评价标准 | 分值（分） | 扣分（分） | 得分（分） |
| --- | --- | --- | --- | --- | --- |
| 中餐宴会摆台 | 酒水斟倒（20分） | 从主宾位开始，顺时针为邻近的5位客人斟倒酒水。 | 5 | | |
| | | 将红、白酒瓶放在托盘内，端托斟酒姿势规范。 | 5 | | |
| | | 斟倒酒水时，酒标朝向客人，在客人右侧服务。 | 5 | | |
| | | 斟倒酒水的量：白酒八分满；葡萄酒五分满。 | 5 | | |
| | 总体印象（10分） | 操作过程中动作规范、娴熟、敏捷、声轻，姿态优美。 | 5 | | |
| | | 操作过程中注意卫生。 | 5 | | |
| | 总分 | | 100 | | |

（注：物品掉落每件扣5分，物品碰倒每件扣3分，物品遗漏每件扣1分；斟倒酒水时每滴出一滴扣1分，每溢一摊扣3分。）

表2-5-9　西餐早餐摆台评价表

| 内容 | 评价项目 | 评价标准 | 分值（分） | 扣分（分） | 得分（分） |
| --- | --- | --- | --- | --- | --- |
| 西餐早餐摆台 | 仪容仪表（10分） | 仪容仪表。 | 5 | | |
| | | 操作卫生。 | 5 | | |
| | 动作标准（80分） | 摆早餐纸。 | 10 | | |
| | | 摆面包盘。 | 10 | | |
| | | 摆黄油刀。 | 15 | | |
| | | 摆咖啡杯具。 | 15 | | |
| | | 摆口布。 | 15 | | |
| | | 摆面包篮。 | 5 | | |
| | | 插花。 | 10 | | |
| | 总体印象（5分） | 操作规范，动作娴熟、优雅。 | 5 | | |
| | 时间（5分） | 在规定时间内完成操作。 | 5 | | |
| | 总分 | | 100 | | |

表 2-5-10 西餐午晚餐摆台评价表

| 内容 | 评价项目 | 评价标准 | 分值（分） | 扣分（分） | 得分（分） |
|---|---|---|---|---|---|
| 西餐午晚餐摆台 | 仪容仪表（10分） | 仪容仪表。 | 5 | | |
| | | 操作卫生。 | 5 | | |
| | 动作标准（80分） | 摆展示盘。 | 5 | | |
| | | 摆主餐刀。 | 5 | | |
| | | 摆汤勺。 | 5 | | |
| | | 摆主餐叉。 | 10 | | |
| | | 摆面包盘。 | 10 | | |
| | | 摆黄油刀。 | 10 | | |
| | | 摆红葡萄酒杯。 | 10 | | |
| | | 摆水杯。 | 10 | | |
| | | 摆白葡萄酒杯。 | 10 | | |
| | | 摆花瓶。 | 5 | | |
| | 总体印象（5分） | 操作规范，动作娴熟、优雅。 | 5 | | |
| | 时间（5分） | 在规定时间内完成操作。 | 5 | | |
| | 总分 | | 100 | | |

表 2-5-11 西餐宴会摆台评价表

| 内容 | 评价项目 | 评价标准 | 分值（分） | 扣分（分） | 得分（分） |
|---|---|---|---|---|---|
| 西餐宴会摆台 | 仪表仪态（10分） | 头发干净、整齐，着色自然，发型美观大方。 | 2 | | |
| | | 男生不留胡须及长鬓角，女生化淡妆。 | 2 | | |
| | | 手部干净，不留长指甲，不涂有色指甲油。 | 2 | | |
| | | 服装、鞋袜整洁干净，符合岗位要求。 | 2 | | |
| | | 举止大方，保持礼貌、微笑。 | 2 | | |
| | 工作台准备（4分） | 餐器具、玻璃器皿等清洁、卫生。 | 2 | | |
| | | 工作台整洁，物品摆放整齐、规范、安全。 | 2 | | |

续表

| 内容 | 评价项目 | 评价标准 | 分值（分） | 扣分（分） | 得分（分） |
|---|---|---|---|---|---|
| 西餐宴会摆台 | 铺台布（3分） | 台布中凸线向上，两块台布中凸线对齐。 | 0.5 | | |
| | | 两块台布重叠5 cm。 | 0.5 | | |
| | | 主人位方向台布交叠在副主人位方向台布上。 | 0.5 | | |
| | | 台布四边下垂均等。 | 0.5 | | |
| | | 台布铺设方法正确，最多四次整理成形。 | 1 | | |
| | 餐椅定位（3分） | 从餐椅正后方进行。 | 0.6 | | |
| | | 从主人位开始按顺时针方向进行。 | 0.6 | | |
| | | 餐椅之间距离基本相等。 | 0.6 | | |
| | | 相对餐椅的椅背中心对准。 | 0.6 | | |
| | | 餐椅边沿与下垂台布相距1 cm。 | 0.6 | | |
| | 装饰盘（5分） | 从主人位开始顺时针方向摆设。 | 0.6 | | |
| | | 盘边距离桌边1 cm。 | 1.2 | | |
| | | 装饰盘中心与餐椅中心对准。 | 1.2 | | |
| | | 盘与盘之间距离均等。 | 1.2 | | |
| | | 手持盘沿右侧操作。 | 0.8 | | |
| | 刀、叉、勺（16分） | 刀、勺、叉由内向外摆放，离桌边距离符合标准（标准见最后“备注”）。 | 10 | | |
| | | 刀、勺、叉之间及与其他餐具之间距离符合标准（标准见最后“备注”）。 | 6 | | |
| | 面包盘、黄油刀、黄油碟（3分） | 摆放顺序：面包盘、黄油刀、黄油碟。 | 0.6 | | |
| | | 面包盘盘边距开胃品叉1 cm。 | 0.6 | | |
| | | 面包盘中心与装饰盘中心对齐。 | 0.6 | | |
| | | 黄油刀置于面包盘右侧边沿1/3处。 | 0.6 | | |
| | | 黄油碟摆放在黄油刀尖正上方，相距3 cm。 | 0.6 | | |

续表

| 内容 | 评价项目 | 评价标准 | 分值（分） | 扣分（分） | 得分（分） |
|---|---|---|---|---|---|
| 西餐宴会摆台 | 杯具（10分） | 摆放顺序：白葡萄酒杯、红葡萄酒杯、水杯（白葡萄酒杯摆在开胃品刀的正上方，杯底中心在开胃品刀的中心线上，杯底距开胃品刀尖2 cm）。 | 3 | | |
| | | 三杯向右与水平线呈45°角。 | 3 | | |
| | | 各杯肚之间相距1 cm。 | 2 | | |
| | | 操作时持杯方法正确，托盘平稳。 | 2 | | |
| | 中心装饰物（2分） | 中心装饰物中心置于餐桌中央和台布中线上。 | 1 | | |
| | | 中心装饰物主体高度不超过30 cm。 | 1 | | |
| | 烛台（3分） | 烛台与中心装饰物之间间距均等。 | 1 | | |
| | | 烛台底座中心压台布中凸线。 | 1 | | |
| | | 两个烛台方向一致。 | 1 | | |
| | 牙签盅（2分） | 牙签盅与烛台底边相距10 cm。 | 1 | | |
| | | 牙签盅中心压在台布中凸线上。 | 1 | | |
| | 椒盐瓶（3分） | 椒盐瓶与牙签盅相距2 cm。 | 1 | | |
| | | 椒瓶与盐瓶间距1 cm，左椒右盐。 | 1 | | |
| | | 椒瓶与盐瓶间距中心对准台布中凸线。 | 1 | | |
| | 餐巾盘花（6分） | 在平盘上操作，折叠方法正确，操作卫生。 | 2 | | |
| | | 在餐盘中摆放一致，正面朝向客人；造型美观、大小一致，突出主人位。 | 4 | | |
| | 斟倒酒水（9分） | 为3位客人斟倒酒水（其中餐台长边2人，短边1人）。 | 2 | | |
| | | 口布包瓶，酒标朝向客人，在客人右侧服务。 | 1 | | |
| | | 斟倒酒水的顺序为：水、白葡萄酒、红葡萄酒。 | 1 | | |
| | | 斟倒酒水的量：水4/5杯；白葡萄酒2/3杯；红葡萄酒1/2杯。 | 5 | | |

续表

| 内容 | 评价项目 | 评价标准 | 分值（分） | 扣分（分） | 得分（分） |
|---|---|---|---|---|---|
| 西餐宴会摆台 | 操作动作（6分） | 操作方法正确。 | 2 | | |
| | | 操作过程中动作规范、娴熟；姿态优美，具有亲和力，大方得体。 | 4 | | |
| | 主题设计（15分） | 台面整体设计新颖、颜色协调、主题鲜明。 | 5 | | |
| | | 中心装饰物设计精巧、实用性强、易推广。 | 10 | | |
| | 总分 | | 100 | | |

（注：物品掉落每件扣5分，物品碰倒每件扣3分，物品遗漏每件扣1分；斟倒酒水时每滴出一滴扣1分，每溢一摊扣3分。）

## 任务思考

比较中餐宴会摆台和西餐宴会摆台中蕴含的不同礼仪文化。

## 任务拓展

选择当地的一家农家乐、乡村酒店或度假村餐厅，组织一次摆台技能培训。

## 知识链接

### 1.将中华优秀传统文化融入摆台设计

宴会的主题和摆台的设计是遥相呼应的。摆台的设计就应该根植于文化土壤，汲取人文精神的深层养分。摆台的设计不仅是器物的陈列，更承载着文化的脉络与寓意，所以物品的选用需遵循传统的智慧与习俗。比如婚庆时摆台的设计，选用传统大红色桌布既烘托喜庆氛围又符合民俗寓意，搭配香樟木制作的筷子更能彰显中华传统文化底蕴，天然木质纹理既传递质朴温润的质感，又暗合团圆和家庭美满的美好期许。

文化在传承中积淀底蕴，在发展中焕发生机。摆台设计既要承载传统文化，展现中华优秀传统文化，也要与时俱进，符合当下主流审美。

2. 中西饮食文化比较

表 2-5-12 中西饮食文化比较表

| 内容 | 中国 | 西方 |
| --- | --- | --- |
| 饮食观念 | 重口味(感性、艺术) | 重营养(理性、科学) |
| 饮食内容 | 主食五谷,辅以菜、肉(农耕) | 多食荤菜,动物类(游牧、航海) |
| 饮食方式 | 聚餐围坐,共享一席 | 分而食之,自助餐 |
| 烹饪方法 | 方法多样,工艺复杂 | 科学规范化制作 |
| 用餐礼仪 | 用餐中礼仪复杂 | 只夹一次菜,不出声 |
| 用餐器具 | 筷子 | 刀叉 |

# 任务六

# 斟酒

斟酒

## 任务目标

1. 了解餐厅供应的中国酒和外国酒的产地、酒精度、特点等基本知识。
2. 掌握斟酒前的准备工作、斟酒的基本要求和顺序等酒水服务知识。
3. 熟练掌握徒手斟酒、托盘斟酒的操作程序及规范。
4. 熟练掌握中西餐酒水服务的程序及规范。
5. 具备规范、熟练为客人提供各式酒水服务的能力。

## 任务描述

小枚完成对服务员的摆台技能培训后，又发现服务员在酒水服务时动作不够规范、优美，决定对服务员进行斟酒技能培训。她该如何进行培训？

## 任务分析

酒水服务是餐饮服务中重要的一环，而斟酒是酒水服务中的一项核心技能，要求餐饮服务员斟酒动作规范、姿态优雅，达到“斟酒有序、斟酒有度、斟酒有时、斟酒有礼”。餐饮服务员须掌握斟白酒、啤酒、红葡萄酒、白葡萄酒、饮料等酒水的步骤和方法，重点要做好高级酒席、宴会的服务工作。

## 任务实施

阅读学习支持及相关资料，掌握斟酒的操作程序及规范，具备规范、熟练为客人提供各式酒水服务的能力。

表 2-6-1 工作表单

| | |
|---|---|
| 任务目标 | 熟练掌握斟酒的操作程序及规范。 |
| 任务地点 | 当地乡村酒店等。 |
| 任务目的 | 通过技能培训，具备规范、熟练为客人提供各式酒水服务的能力。 |
| 任务准备 | 评价表、分析记录本等。 |
| 任务要求 | 学生分组，8 人一组进行训练。 |
| 任务考核 | 教师根据《斟倒白酒、啤酒评价表》《斟倒葡萄酒评价表》进行评分。 |

## 操作流程

### 1. 中餐酒水服务

表 2-6-2 白酒服务程序与规范

| 程序 | 规范 |
|---|---|
| 准备工作 | 1. 主人订完白酒后，立即去酒吧取酒，不得超过 5 分钟。<br>2. 准备一块叠成 12 cm 见方的干净餐巾。<br>3. 准备和客人人数相符合的白酒杯。 |
| 酒的展示 | 在左手掌心上放一块叠成 12 cm 见方的餐巾，将白酒瓶底放在餐巾上，右手扶住酒瓶上端，并呈 45°倾斜，商标向上，为主人展示白酒。 |
| 斟酒服务 | 1. 征得主人同意后，在主人面前打开白酒。<br>2. 服务时，左手持方形餐巾，右手持白酒瓶，按照先宾后主的原则从客人右侧依次为客人倒酒。<br>3. 白酒倒至酒杯的 4/5 即可。<br>4. 倒完一杯后轻轻转动瓶口，避免酒滴在台布上，再用左手中的餐巾擦拭瓶口。 |
| 酒的添加 | 1. 随时为客人加酒。<br>2. 当酒要斟完时，询问主人是否再加一瓶，如需加酒，服务程序同上；如不再加酒，应及时将空杯撤掉。 |

表 2-6-3 啤酒服务程序与规范

| 程序 | 规范 |
| --- | --- |
| 推销及建议 | 1. 熟练掌握各种啤酒知识，在客人订购时，介绍本餐厅提供的各种啤酒及特点（包括酒的度数）。<br>2. 填写订单并到酒吧去取酒，不得超过 5 分钟。 |
| 斟酒服务 | 1. 用托盘拿回啤酒及啤酒杯，依据先宾后主的原则为客人进行啤酒服务。<br>2. 提供啤酒服务时，服务员站在客人右侧，左手托托盘，右手将冰冻啤酒杯放在客人的餐盘右前方，并将啤酒轻轻倒入杯中，倒啤酒时，控制好速度，使啤酒沿杯壁慢慢滑入杯中，以减少泡沫。<br>3. 倒酒时，酒瓶商标应面向客人。<br>4. 啤酒属含泡沫较多的酒，可分两次斟倒，可斟至十分满但不得溢出杯外（即八分酒两分沫）。<br>5. 如瓶中啤酒未倒完，应把酒瓶商标面对客人摆放在酒杯右侧，间距 2 cm。 |
| 酒的添加 | 1. 随时为客人添加啤酒。<br>2. 当杯中仅剩 1/3 杯酒时，应主动询问客人是否需要再次添加。<br>3. 如不需要添加则及时将空杯撤下。 |

表 2-6-4 饮料服务程序与规范

| 程序 | 规范 |
| --- | --- |
| 准备工作 | 1 填写订单并到酒吧去取饮料，不得超过 5 分钟。<br>2. 将饮料和杯具放于托盘上。<br>3. 注意饮料一定要当着客人的面开启。 |
| 饮料服务 | 1 将饮料杯放于客人餐盘右前方。<br>2. 从客人右侧按顺时针方向服务，先宾后主。<br>3. 使用右手为客人斟倒饮料，速度不宜过快。<br>4. 未倒空的饮料瓶放在杯子的右前侧，商标朝向客人。<br>5. 如客人使用吸管，需将吸管放在杯中。 |
| 混合饮料服务 | 1. 将盛有主饮料的杯子放在客人餐盘右前方。<br>2. 向配酒杯中斟酒，并根据配方要求配加饮料。<br>3. 使用搅棒为客人调匀饮品。<br>4. 将搅棒和配酒杯带回服务桌。 |

## 2. 西餐酒水服务

表 2-6-5 红葡萄酒服务程序与规范

| 程序 | 规范 |
| --- | --- |
| 准备工作 | 1. 主人订完酒后，立即去酒吧取酒，不得超过 5 分钟。<br>2. 检查红葡萄酒的标志及年代。<br>3. 准备好酒篮，将一块干净的餐巾铺在酒篮中。<br>4. 将取回的红葡萄酒放在酒篮中，商标朝上。<br>5. 在客人的水杯右侧摆放红酒杯，如客人还订有白葡萄酒，酒杯即按水杯、红葡萄酒杯、白葡萄酒杯的顺序摆放，间距均为 1 cm。 |
| 酒的展示 | 1. 将小酱油碟放在主人红葡萄酒杯的右侧，间距 1 cm。<br>2. 右手拿起装有红葡萄酒的酒篮，走到主人座位的右侧。<br>3. 右手拿酒篮上端，左手轻托住酒篮的底部，呈 45°倾斜，商标朝上，请主人认清商标，并询问主人是否可以服务。 |
| 酒的开启 | 1. 将红葡萄酒立于酒篮中，左手扶住酒瓶，右手用开酒刀割开瓶封，并用一块干净的餐巾擦拭瓶口。<br>2. 将酒钻垂直钻入木塞，注意不要旋转酒瓶，待酒钻完全钻入木塞后，轻轻拔出木塞，注意不要发出声音。<br>3. 将木塞放入小酱油碟中。 |
| 斟酒服务 | 1. 将打开的红葡萄酒放回酒篮，商标朝上，同时用右手拿起酒篮，从主人右侧为主人倒入 1/5 杯红葡萄酒，请主人品评酒质；主人认可后，按女士优先、先宾后主的原则，依次为客人倒酒；倒酒时站在客人的右侧，倒至酒杯的 1/2 处（或 1/3 处，视酒杯大小灵活处理）即可。<br>2. 每倒完一杯酒要轻轻转动一下酒篮，避免酒滴在桌布上。<br>3. 倒完酒后，把酒篮放在主人餐具的右侧，商标朝上，注意不要将瓶口朝向客人。<br>4. 服务过程中动作要轻缓，避免酒中的沉淀物浮起影响酒的口感。<br>5. 采用醒酒器为客人服务时，将红葡萄酒倒入醒酒器中，静置 30 分钟以上，然后按上述程序进行服务。 |
| 酒的添加 | 1. 随时为客人添加红葡萄酒。<br>2. 当要倒完时，询问主人是否再加一瓶，如不再加酒，则观察客人，待其喝完酒后，立即撤掉空杯。<br>3. 如主人同意再加一瓶，服务程序同上。 |

表 2-6-6　白葡萄酒服务程序与规范

| 程序 | 规范 |
| --- | --- |
| 准备工作 | 1. 主人订完酒后，立即去酒吧取酒，不得超过 5 分钟。<br>2. 检查葡萄酒的标志及年代。<br>3. 在冰桶中放入 1/3 冰块，再放入 1/2 碎冰后，将冰桶放在冰桶架上，并配一条叠成 8 cm 宽的条状餐巾。<br>4. 取回白葡萄酒后，放入冰桶，商标向上。<br>5. 在客人水杯的右侧摆放白葡萄酒杯，间距 1 cm。 |
| 酒的展示 | 1. 将准备好的冰桶架、冰桶、餐巾条、小酱油碟一次拿到主人座位的右侧，将小酱油碟放在主人白葡萄酒杯的右侧，间距 1 cm。<br>2. 左手持餐巾，右手持葡萄酒瓶，将酒瓶底部放在条状餐巾的中间部位，再将条状餐巾两端拉起至酒瓶商标以上部位，并使商标全部露出。<br>3. 右手持用餐巾包好的酒，左手四个指尖轻托住酒瓶底部，送至主人面前，请主人看清酒的商标，并询问主人是否可以服务。 |
| 酒的开启 | 1. 得到主人允许后，将酒放回冰桶中，左手扶住酒瓶，右手用酒刀割开瓶封，并用一块干净的餐巾将瓶口擦干净。<br>2. 将酒钻垂直钻入木塞，注意不要旋转酒瓶，待酒钻完全钻入木塞后，轻轻拔出木塞，木塞出瓶时不应有声音。<br>3. 将木塞放入小酱油碟中。 |
| 斟酒服务 | 1. 右手持用条状餐巾包好的酒瓶，商标朝向主人，从主人右侧为主人倒入 1/5 杯的白葡萄酒，请主人确认、品评酒质。<br>2. 主人认可后，按女士优先、先宾后主的原则依次为客人倒酒，倒酒时站在客人的右侧，倒至酒杯的 2/3 处（或 1/2 处，视酒杯大小灵活处理）即可。<br>3. 每倒完一杯酒要轻轻转动一下酒瓶，以免酒液滴出。<br>4. 斟完酒后，将白葡萄酒放回冰桶，商标朝上。 |
| 酒的添加 | 1. 随时为客人添加白葡萄酒。<br>2. 当酒要倒完时，要询问主人是否再加一瓶，如主人不再加酒，则观察客人，待其喝完酒后，立即将空杯撤掉。<br>3. 如主人同意再加一瓶，服务程序同上。 |

# 学习支持

## 一、常见酒和饮料

### 1.酒

（1）中国酒：白酒、黄酒、果酒等。

（2）外国酒：啤酒、蒸馏酒（金酒、威士忌、白兰地、伏特加、朗姆酒）、酿制酒（红葡萄酒、白葡萄酒、葡萄汽酒）。

### 2.软饮料

咖啡、茶、可可等。

## 二、酒水服务知识

### 1.斟酒前准备

（1）检查酒水。检查酒标及瓶体是否破损。

（2）擦拭酒瓶。斟酒前必须用餐巾将酒瓶擦拭干净。

（3）摆放酒瓶。将酒水整齐摆放于餐台，既要美观又要便于取用。

（4）酒水的冰镇与加热。

（5）酒水开瓶。如葡萄酒的开瓶方法：开瓶时，服务员先用餐巾把酒瓶包上，然后割开并除去封住瓶口的锡箔等，擦拭瓶口，将酒钻刺入软木塞加压旋转，待旋转至螺丝锥还有两圈留在软木塞外时，用左手握住酒瓶颈及开瓶器的起拔杠杆，右手向上用力牵引取出软木塞，再将起拔杠杆放松，旋出软木塞放在主人酒杯右侧的小碟内。

### 2.斟酒位置

斟酒时，服务员应站在客人的右后侧。

### 3.斟酒姿势

面向客人，身体微向前倾，右脚伸入两椅之间，重心放于右脚。

### 4.斟酒顺序

（1）中餐斟酒顺序。从主宾开始，按男主宾、女主宾再主人的顺序顺时针方向依次进行。

（2）西餐斟酒顺序。斟酒前先请主人确认所点酒的标志，并请主人先行品尝，待主人认可后，按女主宾、女宾、女主人、男主宾、男宾、男主人的顺序依次斟倒。

### 5. 斟酒要求

（1）斟酒时，瓶口与杯口之间保持一定距离，以2 cm为宜，不可将瓶口搭在杯口上。

（2）要握着酒瓶的下半部，并将商标朝外，展示给客人。

（3）要注意控制速度，当斟至适量时旋转瓶身，抬起瓶口，使最后一滴酒（或饮料）随着瓶身的转动均匀分布在瓶口边沿上。

（4）中餐时，各种酒水一律斟至八分满为宜。

（5）斟葡萄酒时，红葡萄酒斟至1/2杯，白葡萄酒斟至2/3杯，香槟酒分两次斟至2/3杯为宜。

## 任务训练

（1）教师讲解示范，学生学习斟倒白酒、啤酒、红葡萄酒、白葡萄酒、饮料的步骤和方法。

（2）学生在实训室进行不同种类酒水的斟倒练习，同学间互相观看彼此的动作是否规范、优美。

## 任务评价

表2-6-7　斟倒白酒、啤酒评价表

| 项目 | 评分标准 | | 分值（分） | 扣分（分） | 得分（分） |
|---|---|---|---|---|---|
| 斟倒白酒、啤酒 | 仪容仪表（10分） | 仪容仪表 | 5 | | |
| | | 操作卫生 | 5 | | |
| | 斟倒（80分） | 示酒 | 20 | | |
| | | 站位 | 10 | | |
| | | 开酒 | 10 | | |
| | | 斟酒 | 20 | | |
| | | 斟量 | 20 | | |
| | 动作（5分） | 操作规范，动作娴熟、优雅 | 5 | | |
| | 准备（5分） | 准备充分 | 5 | | |
| | 总分 | | 100 | | |

表 2-6-8 斟倒葡萄酒评价表

| 项目 | | 评分标准 | 分值（分） | 扣分（分） | 得分（分） |
|---|---|---|---|---|---|
| 斟倒葡萄酒 | 仪容仪表（10分） | 仪容仪表 | 5 | | |
| | | 操作卫生 | 5 | | |
| | 斟倒（80分） | 示酒 | 20 | | |
| | | 开瓶 | 20 | | |
| | | 斟酒 | 20 | | |
| | | 斟量 | 10 | | |
| | | 冰镇 | 10 | | |
| | 动作（10分） | 操作规范，动作娴熟、优雅 | 10 | | |
| | 总分 | | 100 | | |

## 任务思考

比较斟倒红葡萄酒和斟倒白葡萄酒的操作规范有哪些不同。

## 任务拓展

选择当地的一家农家乐、乡村酒店或度假村餐厅，组织一次服务员斟倒红葡萄酒技能培训。

## 知识链接

### 斟酒器具文化

斟酒，顾名思义就是倒酒、注酒。斟酒器是酒器的一种，多摆放在餐桌上使用。中国素来讲究“美食美器”，酒器的种类繁多、造型精巧。按照材质不同，酒器大致分为陶酒器、青铜酒器、瓷酒器、金银酒器等，以及玉、玻璃、象牙等材质的酒器；根据酒器的用途，有盛酒器、饮酒器、斟酒器、温酒器等。各类酒器在不同时期、不同地域，又有所不同。

图2-6-1　清代斟酒器：粉彩番莲纹绿地壶

（图片来源：李岩．宋代陶瓷斟酒器造型设计研究[D].景德镇：景德镇陶瓷学院，2012.）

# 任务七
# 上菜和分菜

上菜和分菜

## 任务目标

1. 了解上菜原则，以及上菜、分菜的顺序。
2. 掌握中餐分菜方法及西餐派菜手法。
3. 熟练掌握上菜、分菜的操作程序。
4. 具备规范、熟练地为客人提供各式菜肴服务的能力。

## 任务描述

小枚完成对服务员的斟酒技能培训后，服务员主动要求小枚对他们进行上菜和分菜服务技能培训。她该如何进行培训？

## 任务分析

上菜和分菜是餐饮服务的重要一环，是餐饮服务员必须掌握的一项重要技能。主要内容有上菜原则，上菜和分菜的顺序、方法、操作程序与规范。重点是中餐上菜、分菜服务的操作程序与规范，难点是中餐上菜、分菜服务的方法。

## 任务实施

阅读学习支持及相关资料，掌握上菜、分菜的相关知识和操作程序，具备规范、熟练地为客人提供各式菜肴服务的能力。

表2-7-1 工作表单

| | |
|---|---|
| **任务目标** | 熟练掌握上菜、分菜的顺序、方法、操作程序与规范。 |
| **任务地点** | 当地乡村酒店等。 |
| **任务目的** | 通过技能培训，掌握具备规范、熟练地为客人提供各式菜肴服务的能力。 |
| **任务准备** | 评价表、分析记录本等。 |
| **任务要求** | 学生分组，8人一组进行训练。 |
| **任务考核** | 教师根据《中餐上菜和分菜评价表》进行评分。 |

## 操作流程

### 1. 中餐上菜

表2-7-2 中餐上菜的程序与规范

| 程序 | 规范 |
|---|---|
| 准备工作 | 1. 上菜工具：托盘等菜肴服务工具等。<br>2. 准备菜单：熟悉上菜顺序。<br>3. 确定上菜口。 |
| 上菜服务 | 1. 从上菜口将菜肴送上餐桌。<br>2. 菜肴摆放的位置、间距及荤素、色彩搭配要合理。<br>3. 上菜时动作要轻，严禁将菜肴从客人的头上越过。<br>4. 为客人展示菜肴、报菜名并介绍菜肴。<br>5. 上热菜时，菜盘内放置服务叉、勺，要注意将叉（勺）柄朝向主人。<br>6. 如果热菜盘子很热，一定要提醒客人注意，以防客人烫伤。<br>7. 上汤类菜肴时，服务员要给客人分汤。<br>8. 上带头尾的菜品时，应根据当地的上菜习惯摆放。<br>9. 上带有佐料的菜肴时，要先上配料后上菜，要一次上齐，切勿遗漏。<br>10. 如果有小朋友同桌就餐，一定要将热菜、汤菜远离小朋友并提醒成人注意。<br>11. 上带壳的菜肴时，要配小毛巾和洗手盅，同时要说明用途。<br>12. 菜上齐后要告知客人并询问是否还需加菜或其他帮助。<br>13. 上菜撤盘的基本礼节要求是：上菜不准推，撤盘不准拖。 |

2. 中餐分菜

表 2-7-3 中餐分菜的程序与规范

| 程序 | 规范 |
| --- | --- |
| 准备工作 | 分菜工具：服务叉、服务匙、长筷、长把勺等。 |
| 分菜服务 | **桌上分让式，使用服务叉、服务匙分菜**<br>1. 从上菜口将菜肴送上餐桌。<br>2. 为客人展示菜肴、报菜名。<br>3. 服务员左手托菜盘，站在客人左侧操作。<br>4. 服务员分让菜肴时，可以边分边向客人介绍菜肴。<br>5. 给每位客人分让菜肴要份额均匀、搭配合理。<br>**二人合作式，使用长筷、长把勺分菜**<br>1. 在上菜口将菜肴送上餐桌。<br>2. 为客人展示菜肴并报菜名。<br>3. 一名服务员站在上菜口，右手持公用长筷，左手持长把公用勺，为客人分菜。<br>4. 另一位服务员绕台将每位客人的餐盘移到分菜服务员近处，然后将分好的菜肴从客人左侧送上。<br>**旁桌式分菜，使用服务叉、服务匙分菜**<br>1. 一般适用于宴会，由服务员从上菜口将菜肴送上餐桌。<br>2. 报菜名，展示介绍菜肴，客人观赏后撤下餐桌。<br>3. 在备餐桌上将菜分到餐盘内，然后用托盘从客人右侧送上。 |

## 学习支持

### 一、中餐上菜

1. 原则

“5先5后”——先冷后热、先咸后甜、先菜后点、先浓后淡、先优质后一般。

2. 顺序

先冷菜，后热菜，最后上汤菜、水果等（粤菜先汤后菜）。

3. 位置

以不打扰客人为宜，严禁从主人和主宾之间上菜。

## 二、中餐分菜

### 1. 顺序

按顺时针方向先宾后主依次分派。

### 2. 方法

(1)在餐桌上分菜时,服务员应站在客人的左侧操作,按顺时针方向先宾后主依次分派。

(2)在旁桌上分菜时,服务员应站在客人的右侧操作,将分好的菜肴,按顺时针方向先宾后主依次分派。

## 三、西餐派菜

### 1. 顺序

先女后男、先宾后主,即按女主宾、女宾、女主人、男主宾、男宾、男主人。

### 2. 方法

先沿顺时针方向从客人的右侧摆上餐盘,然后左手托盘,按逆时针方向右手持服务叉、勺,从左边将菜分入餐盘。

## 任务训练

学生每8人一组,在实训室进行中餐上菜和分菜操作练习。

## 任务评价

表2-7-4 中餐上菜和分菜评价表

| 内容 | 评价项目 | 评价标准 | 分值（分） | 扣分（分） | 得分（分） |
|---|---|---|---|---|---|
| 中餐上菜和分菜 | 仪容仪表（10分） | 仪容仪表 | 5 | | |
| | | 操作卫生 | 5 | | |
| | 中餐上菜（40分） | 上菜顺序正确 | 10 | | |
| | | 从上菜口上菜 | 5 | | |
| | | 菜肴摆放合理 | 10 | | |
| | | 解说菜肴 | 10 | | |
| | | 菜上齐后询问 | 5 | | |
| | 中餐分菜（40分） | 收脏盘 | 10 | | |
| | | 换新碟 | 10 | | |
| | | 请客人享用 | 10 | | |
| | | 介绍特色菜肴 | 5 | | |
| | | 配合分菜 | 5 | | |
| | 动作（10分） | 操作规范，动作娴熟、优雅 | 10 | | |
| | 总分 | | 100 | | |

## 任务思考

比较中餐分菜和西餐派菜有哪些不同。

## 任务拓展

选择当地的一家农家乐，组织一次中餐上菜和分菜培训。

## 知识链接

### 南涧彝族跳菜：舌尖上的民间艺术

“彝族跳菜”，彝语称“吾切巴”，以流传于大理白族自治州南涧彝族自治县无量山与哀牢山之间的最具特色和代表性，是在宴席上菜时，为敬重宾朋而举行的一种融舞蹈、音乐、饮食为一体的上菜礼仪，俗称抬菜舞，是南涧彝族同胞为尊贵的宾客而跳的一种礼节性舞蹈。

追寻跳菜历史。早在大唐时，跳菜就已名噪一时。跳菜时一般两人一对，一对跟着一对跳，姿势各异，变化多端，刚柔相济，旋转自如，不断地把装满菜肴的托盘在他们手中花样翻新。在忽高忽低、忽急忽缓的音乐声中，根据音乐节拍，迈着轻柔而敏捷的步伐，动作幽默而滑稽，舞姿轻松而优美，大步舞盘，竞献绝技。

将舞蹈、音乐常与杂技艺术和饮食文化融为一体的跳菜，不仅包容了饮食文化的精华，而且囊括了民族文化丰富的内涵，表现出云南少数民族粗犷豪放的生活方式，以及幽默洒脱的生活态度，更是由衷地表达了彝家人对远道而来的客人的一片深情厚谊。

2003年3月，国家文化部正式授予南涧彝族自治县“中国民间跳菜艺术之乡”。

2008年6月，云南省南涧彝族自治县申报的“彝族跳菜”经国务院批准列入第二批国家级非物质文化遗产名录。

（资料来源：南涧彝族跳菜：舌尖上的民间艺术[EB/OL].(2025-04-07)[2022-08-19].https://culture.yunnan.cn/system/2022/08/18/032237924.shtml.）

### “要大力弘扬劳模精神、劳动精神、工匠精神”（节选）

在“五一”国际劳动节到来之际，习近平总书记代表党中央，向全国广大劳动群众致以节日祝贺和诚挚慰问：“希望广大劳动群众大力弘扬劳模精神、劳动精神、工匠精神，爱岗敬业、创新创造，踊跃投身以高质量发展推进中国式现代化的火热实践，为全面推进强国建设、民族复兴伟业而不懈奋斗。”

“在长期实践中，我们培育形成了爱岗敬业、争创一流、艰苦奋斗、勇于创新、淡泊名利、甘于奉献的劳模精神，崇尚劳动、热爱劳动、辛勤劳动、诚实劳动的劳动精神，执着专注、精益求精、一丝不苟、追求卓越的工匠精神。”习近平总书记这样概括三种精神。

（材料来源：“要大力弘扬劳模精神、劳动精神、工匠精神”[EB/OL].(2025-04-07)[2024-05-09]. https://news. cnr. cn/native/gd/sz/20240509/t20240509_526699269. shtml.）

## 项目小结

乡村旅游餐饮服务基本技能主要内容有保持优雅仪态、托盘、折餐巾花、铺台布、摆台、斟酒、上菜和分菜等，学生需掌握乡村旅游餐饮服务基本知识和基本技能，同时培养适应乡村旅游餐饮发展的新技能。项目学习重点掌握乡村旅游餐饮服务基本技能，学习难点培养适应乡村旅游餐饮发展的创新服务能力。具体而言：优雅仪态是餐饮服务重要软技能之一；托盘是餐饮服务中最基本的技能之一，是餐饮服务的基本功，重点在于“五步”操作，难点是运送托盘突发情况的操作处理；餐巾折花重点在餐巾花折法，难点在于创意与宴会主题气氛相符的餐巾花造型；铺台布重点是熟练掌握各种铺台布的操作方法，难点是根据不同场景，选择和运用铺台布一次性铺好台面；摆台重点是中餐宴会摆台、西餐宴会摆台，难点是摆台的标准把握；酒水服务是餐饮服务中的重要一环，重点要做好高级的酒席、宴会服务工作；上菜和分菜重点是中餐上菜、分菜服务的操作程序与规范，难点是方法。

## 思考与练习

餐饮服务基本技能承载了哪些中华优秀传统餐饮文化？

## 推荐阅读

[1]纪亚飞.优雅得体中西餐礼仪[M].北京：中国纺织出版社，2014.

[2]兰涛.工匠精神[M].北京：时事出版社，2024.

项目三

# 餐饮服务

## 学习目标

1. 了解零点服务、中餐宴会服务、西餐宴会服务、鸡尾酒会服务的基础知识。

2. 熟练掌握零点服务、中餐宴会服务、西餐宴会服务、鸡尾酒会服务的程序与标准。

3. 具备熟练、准确地为客人提供餐饮服务的能力。

## 学习重难点

重点：零点服务、中餐宴会服务、西餐宴会服务。

难点：中餐宴会服务、西餐宴会服务的标准。

## 知识结构图

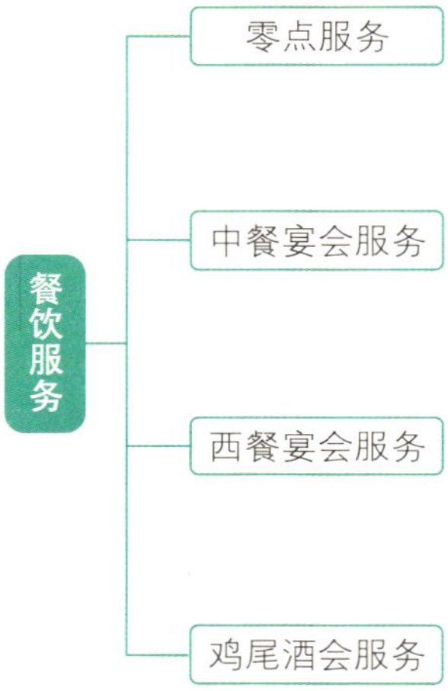

## 任务一
# 零点服务

零点服务

### 任务目标

1. 了解零点餐厅预订的方式和内容。
2. 熟练掌握零点餐厅服务程序与标准。
3. 具备熟练、准确地为客人提供零点服务的能力。

### 任务描述

小枚叔叔的酒店开业后，小枚对服务员进行了系统的基本技能培训，服务员的基本技能水平显著提高，职业意识明显增强，酒店客人越来越多，零点接待业务量不断增多。因零点服务具有多样性、随意性和选择性，酒店急需提升零点服务水平。叔叔邀请小枚直接参与对客服务，并对服务员进行零点服务培训。她该如何进行培训？

### 任务分析

零点服务是餐饮服务中最普遍、最常见的一种服务。零点服务是指餐厅为接待零散客人而进行的服务工作。零点服务包括中餐零点服务和西餐零点服务，具体包括预订、迎客、点菜、就餐服务、结账、送客、撤台、日志填写的全过程。重点把握预订、结账和送客服务等环节。预订是对订餐客人的一种承诺；结账体现餐厅服务的质量，直接影响客人对餐厅的印象；送客服务直接反映接待水平，体现服务员的文化修养。

## 任务实施

阅读学习支持及相关资料，了解并掌握零点服务程序与标准，具备熟练、准确地为客人提供零点服务的能力。

表3-1-1 工作表单

| | |
|---|---|
| 任务目标 | 熟练掌握零点服务程序与标准。 |
| 任务地点 | 当地乡村酒店等。 |
| 任务目的 | 通过技能培训，具备熟练、准确地为客人提供零点服务的能力。 |
| 任务准备 | 评价表、分析记录本等。 |
| 任务要求 | 学生分组，8人一组进行服务训练。 |
| 任务考核 | 教师根据《零点服务评价表》进行评分。 |

## 操作流程

1.预订餐位

表3-1-2 预订餐位程序与规范

| 程序 | 规范 |
|---|---|
| 问候客人 | 1.电话铃响三声之内接听电话。<br>2.主动向客人礼貌问好，并准确报出餐厅名称及自己的姓名。例如："您好，这里是××餐厅，我是服务员(预订员)小李。"<br>3.及时表示愿意为客人提供服务。例如："有什么事情需要帮忙?"或"很高兴为您服务。" |
| 了解需求 | 1.对报出姓名的客人，服务员应以"姓+尊称"称呼，以示对客人的尊重。<br>2.仔细聆听客人介绍，了解客人的身份、用餐日期及时间、宴请对象、人数、台数及其他要求。<br>3.征得客人同意后为其安排相应的包房或餐台，并告知客人包房号或餐台号。<br>4.大型宴会的预订，要请客人进行面谈。 |

续表

| 程序 | 规范 |
| --- | --- |
| 接受预订 | 1.复述预订的内容，并请客人确认。<br>2.请客人留下电话、姓名。<br>3.告知客人预订餐位最后的保留时间。<br>4.告知客人稍后会有预订确认信息发到客人手机上，请客人关注。<br>5.向客人致谢并道别。 |
| 预订通知 | 1.填写预订单。<br>2.订好菜单的预订或大型宴会的预订，立即通知餐厅经理、厨师长、采购部门。<br>3.未订菜单的预订，只通知餐厅即可。<br>4.有特殊要求的预订，要及时通知餐厅主管和厨师长。 |
| 预订记录 | 1.将预订的详细内容记录在预订登记本上，并录入电脑系统。<br>2.零点餐厅预订登记本一般每月一本，用后存档。 |

### 2.迎客准备

表3-1-3　迎客准备程序与规范

| 程序 | 规范 |
| --- | --- |
| 员工准备 | 员工按餐厅规定着装、化妆。 |
| 摆台准备 | 1.餐具定位准确。<br>2.餐具距离均等。<br>3.餐厅所有餐具横竖摆成一直线。<br>4.餐具干净卫生，无破损。<br>5.擦拭摆台所需的各种餐具。 |
| 卫生准备 | 1.餐厅大门及周围环境干净整齐。<br>2.地毯(面)干净，无杂物。<br>3.备餐柜内外干净，物品齐全。<br>4.台布干净，无褶皱。<br>5.服务车干净，无异味。<br>6.沙发、桌椅干净，无污迹。<br>7.转盘干净明亮，转动自如。<br>8.客用通道及卫生间清洁卫生。 |
| 备餐柜准备 | 物品齐全，分类摆放，干净整齐，使用方便。 |

续表

| 程序 | 规范 |
| --- | --- |
| 检查设备 | 开餐前一小时检查所有照明设备、空调及音响设备等是否正常，发现问题及时报修。 |
| 检查预订摆台 | 1.所摆餐位符合预订人数。<br>2.指示牌干净，内容正确。<br>3.餐台摆花美观，无客人禁忌。<br>4.客用菜单干净，内容正确无误。 |
| 打开餐厅大门 | 如无特殊情况，一般午餐在11:00，晚餐在16:00，由迎宾员打开餐厅大门。 |

### 3.迎客服务

表3-1-4　迎客服务程序和规范

| 程序 | 规范 |
| --- | --- |
| 迎接客人 | 客人来到餐厅时，迎宾员应面带微笑，主动上前问好。 |
| 带位 | 1.如客人已预订座位，迎宾员应热情地引领客人入座。<br>2.如客人没有预订，迎宾员则应礼貌地将客人引领到客人满意的餐台。<br>3.引领客人时，应走在客人右前方1 m处，且不时回头，把握好与客人之间的距离。 |
| 拉椅让座 | 当迎宾员把客人带到餐台边时，服务员应主动上前问好并为客人拉椅让座（女士优先）。<br>1.站在椅背的正后方，双手握住椅背的两侧，后退半步的同时将椅子后拉半步。<br>2.用右手做“请”的手势，示意客人入座。<br>3.在客人即将坐下的时候，双手扶住椅背的两侧，用右腿顶住椅背，手脚配合将椅子轻轻往前送，使客人不用自己移动椅子便能入座。<br>4.拉椅、送椅的动作要迅速、敏捷，力度要适中。 |
| 送上菜单 | 1.迎宾员在开餐前应认真检查菜单，保证菜单干净整洁，无破损；按客人人数，拿取相应数量的菜单。<br>2.当客人入座后，按先宾后主、女士优先的原则，站在客人的右后侧，打开菜单的第一页，依次将菜单送至客人手中。 |

续表

| 程序 | 规范 |
|---|---|
| 服务茶水 | 1.服务茶水时，应先询问客人喜欢饮用何种茶，适当介绍并告知价位。<br>2.按照先宾后主的顺序为客人倒茶水。<br>3.在客人的右侧倒第一杯礼貌茶，以八分满为宜。<br>4.为全部客人倒完茶后，将茶壶加满水，放在转盘上，以便客人自己添茶。 |
| 服务毛巾 | 1.根据客人人数从保温箱中取出小毛巾，放在毛巾篮中，用毛巾夹服务毛巾。<br>2.服务毛巾时，站在客人右侧。<br>3.按先宾后主、女士优先的原则依次送上。<br>4.热毛巾要抖开后放在客人手上。<br>5.冷毛巾直接放在客人右侧的毛巾盘中。<br>6.客人用过毛巾后，征询客人同意方可撤下。<br>7.毛巾要干净无异味，热毛巾温度宜为40 ℃。 |
| 铺餐巾 | 1.服务员依据先宾后主、女士优先的原则为客人铺餐巾。<br>2.一般情况下，应在客人右侧为客人铺餐巾，如果在不方便的情况下(如一侧靠墙)，也可以在客人左侧为客人铺餐巾。<br>3.铺餐巾时应站在客人右侧，拿起餐巾，将其打开对折成三角形，注意右手在前，左手在后，将餐巾轻轻铺在客人腿上，注意不要把胳膊肘送到客人的面前(左侧服务相反)。<br>4.如有小朋友用餐，可根据家长的要求，帮助小朋友铺餐巾。 |
| 撤、加餐具 | 按用餐人数撤去多余餐具(如有加位则补上所需餐具)，并调整座椅间距；如有小朋友就餐，需搬来加高童椅，并协助小朋友入座。 |
| 撤筷套 | 在客人的右侧，用右手拿起带筷套的筷子，交于左手，用右手打开筷套封口，捏住筷子的后端并取出，摆在桌面原来的位置上；每次撤下的筷套握在左手中，最后一起撤走。 |
| 记录 | 在协助服务员完成上述服务后，迎宾员回到迎宾岗位，将客人人数、到达时间、台号等迅速记录在迎宾记录表上。 |

4.点菜服务

表3-1-5　点菜服务程序与规范

| 程序 | 规范 |
| --- | --- |
| 问候客人 | 1.礼貌地问候客人,例如:“晚上好,先生。很高兴为您服务。”<br>2.介绍自己,例如:“我是服务员小李。”<br>3.征询客人是否可以点菜,例如:“现在可以为您点菜吗?” |
| 介绍、推销菜肴 | 1.根据客人的消费需求和消费心理,向客人推销,推荐餐厅的时令菜、特色菜、畅销菜、高档菜。<br>2.介绍菜肴时要做适当的描述和解释。<br>3.必要时对客人所点的菜量和菜品搭配提出合理建议。<br>4.注意礼貌用语的使用,尽量使用选择性、建议性语言,不可强迫客人接受。 |
| 填写点菜单 | 1.为客人点菜时,要站在客人的右侧,身体略向前倾,认真倾听客人的叙述。<br>2.回答客人问询时要音量适中、语气亲切。<br>3.注意身体姿势,不可将点菜单放在餐桌上填写。<br>4.熟悉菜单,对于客人所点菜肴做到了如指掌。 |
| 特殊服务 | 1.客人所点菜肴过多或重复时,要及时提醒客人。<br>2.如客人所点菜肴菜单上没有或已销售完时,要积极与厨房取得联系,尽量满足客人的需要或介绍其他相似的菜肴。<br>3.如客人所点菜肴烹制时间较长,要主动向客人解释,告知等待时间,并调整出菜顺序。<br>4.如客人赶时间,要主动推荐一些快捷易做的菜肴。<br>5.记清客人的特殊要求,并尽量满足客人。 |
| 确认 | 1.点完菜后,要向客人复述一遍所点菜肴及特殊要求,并请客人确认。<br>2.感谢客人,告知客人等待的大致时间。<br>3.(收回菜单)同客人告别。 |
| 下单 | 1.填写点菜单要准确、迅速、清楚、工整。<br>2.填写内容齐全、冷热分开。<br>3.分别及时送交厨房、酒吧、收款台、传菜员。 |

5. 就餐服务

表3-1-6　就餐服务程序与规范

| 程序 | 规范 |
|---|---|
| 上菜、分菜服务 | 1. 服务技巧同前所述。<br>2. 把握上菜时机，合理、适时分派菜。 |
| 餐桌卫生清洁 | 1. 时刻保持餐桌台面清洁卫生，出现杂物或空盘应征得客人同意后及时撤去。<br>2. 如果餐桌台面上有剩余食物，要用专用的服务用具清除，切记不可用手直接操作。 |
| 撤换餐具 | 1. 撤换餐盘，要待客人将盘中食物吃完后才可进行，如客人放下筷子而菜未吃完，应征得客人同意后才能撤换。<br>2. 按先宾后主的顺序依次撤换。<br>3. 使用托盘撤换时，先在客人的右侧送上干净的餐盘，再在客人的左侧撤下脏的餐盘，左手托盘，右手撤餐具，动作要轻、稳。<br>4. 徒手撤盘时，站在客人右侧，用右手撤下餐盘并将其放入左手，左手应移到客人身后。<br>5. 用过的餐具要及时撤下。 |
| 服务酒水 | 1. 随时观察客人用酒情况，当客人杯中的酒水剩至1/3时，要及时斟酒。<br>2. 掌握客人酒水情况，及时推销，提供添酒服务。 |
| 加菜处理 | 1. 服务员应细心观察和分析，主动了解客人加菜的目的。客人提出加菜的原因一般有如下几种：所点的菜不够吃；想买菜带走；对某一道菜特别欣赏，想再次品尝。<br>2. 主动介绍菜肴，帮助客人选择菜肴。<br>3. 根据客人的需要开单。 |

6. 结账服务

表3-1-7　结账服务程序与规范

| 程序 | 规范 |
|---|---|
| 结账准备 | 1. 在给客人上完菜后，服务员要到收款台核对账单。<br>2. 当客人要求结账时，请客人稍候，立即去收款台取回账单。<br>3. 服务员告诉收款员台号，并核查账单台号、人数、食品及饮品消费额是否准确无误。<br>4. 将账单放入账单夹，并确保账单夹打开时，账单正面朝向客人。<br>5. 注意先上小毛巾，后递账单。<br>6. 随身准备结账用笔。 |
| 递交账单 | 走到主人右侧，打开账单夹，右手持账单夹上端、左手轻托账单夹下端，递至主人面前，请主人检查，注意不要让其他客人看到账单，并对主人说："这是您的账单。" |

续表

| 程序 | 规范 |
| --- | --- |
| 现金结账 | 1. 客人付现金时，服务员要礼貌地在餐桌旁当面点清钱款。<br>2. 请客人等候，将账单及现金送给收款员。<br>3. 核对收款员找回的零钱及账单上联是否正确。<br>4. 将账单上联及所找零钱夹在账单夹内，站在客人右侧递给客人。<br>5. 现金结账应注意唱收唱付。<br>6. 在客人确定所找零钱数正确后，服务员迅速离开客人餐桌。<br>7. 真诚地感谢客人。 |
| 支票结账 | 1. 支票结账，应请客人出示身份证及联系电话，然后将账单、支票、证件同时交给收款员（记录证件号码及联系电话）。<br>2. 如客人使用旅行支票结账，服务员应礼貌地告诉客人到外币兑换处兑换成现金后再结账。<br>3. 如客人使用密码支票，应请客人说出密码，并记录在一张纸上，结账后将账单上联、支票存根、密码纸交还给客人。 |
| 信用卡结账 | 1. 如客人使用信用卡，服务员应礼貌地请客人到收款台结账。<br>2. 收款员做好信用卡收据，服务员检查无误后，请客人输入密码，并请客人在账单和信用卡收据上签字。<br>3. 检查签字是否与信用卡上一致，将账单、收据及信用卡递还给客人。<br>4. 真诚地感谢客人。 |
| 签单结账 | 1. 如果是住店客人，服务员在为客人送上账单的同时，为客人递上笔。<br>2. 礼貌地请客人出示房间钥匙；示意客人写清房间号并用楷书签名。<br>3. 客人签好账单后，服务员将账单重新夹在账单夹内，拿起账单夹，真诚地感谢客人。<br>4. 迅速将账单送交收款员，并查询客人的名字与房间号码是否相符。<br>5. 打电话给前台，核查账单是否入客人消费总账中。 |

续表

| 程序 | 规范 |
|---|---|
| 扫码结账 | 1. 客人使用微信(支付宝)扫码结账时,服务员可使用移动 POS 机到餐桌前结账,如餐厅未配备移动 POS 机,则服务员应礼貌地请客人到收款台处结账。<br>2. 收款员应征询客人意见,是客人扫餐厅微信(支付宝)专属付款码,还是餐厅扫客人微信(支付宝)付款码,根据客人需要为客人提供服务。<br>3. 无论采用何种方式,扫码时都要核对好餐费金额,防止出现数额错误或扫错的现象。<br>4. 客人如需纸质发票,则要记录好单位名称、税号等相关信息,防止开票信息错误;开票后,双手将发票递给客人,并真诚地感谢客人。<br>5. 客人如需电子发票,可提醒客人用微信(支付宝)自助开票。 |
| 团购结账 | 1. 当餐厅在网站或其他渠道有产品团购促销活动时,服务员要主动询问客人,并请客人告知团购消费码。<br>2. 根据餐厅规定做好登记工作。<br>3. 如客人有其他消费,消费款项的结账方式可采用现金、银行卡(信用卡)、扫码支付中任意一种,服务程序同上。 |

7. 送客服务

表 3-1-8　送客服务程序与规范

| 程序 | 规范 |
|---|---|
| 协助客人离开座位 | 1. 客人起身准备离开时,上前为客人拉开座椅。<br>2. 客人起身后,向客人致谢并提醒客人勿遗漏物品。 |
| 向客人致谢 | 礼貌地与客人道别,向客人表示感谢,诚恳欢迎客人再次光临。 |
| 送客人离开餐厅 | 1. 走在客人前方,将客人送至餐厅门口。<br>2. 当客人走出餐厅门口时,迎宾员或餐厅经理再次向客人致谢、道别。<br>3. 迎宾员应帮助客人按电梯,并在电梯来后,送客人进入电梯,目送客人离开。<br>4. 正门直接有车道的餐厅,迎宾员要帮助客人叫出租车,雨天要为客人打伞,为客人开车门,目送客人坐车离开。 |
| 餐厅检查 | 1. 服务员立即回到服务区域再次检查是否有客人遗留的物品,若有将物品交于大堂副理处。<br>2. 如有遗留物品应尽快交还客人,如客人已经离开,要向餐厅经理汇报。 |

8. 撤台

表 3-1-9　撤台程序与规范

| 程序 | 规范 |
| --- | --- |
| 撤台要求 | 1. 零点撤台需在该桌客人离开餐厅后进行，宴会撤台必须在所有客人离开餐厅后才能进行。<br>2. 收撤餐具时要轻拿轻放，尽量不要发生碰撞发出声响。<br>3. 收撤餐具要为下道工序创造条件，叠碗时大碗在下，小碗在上。<br>4. 收撤时，要把剩有汤或菜的餐具集中起来放置。 |
| 撤台 | 1. 按摆台规范对齐餐椅。<br>2. 将桌面上的花瓶、调味瓶和台号牌收到托盘上，暂放于服务桌。<br>3. 按餐厅规定的收撤顺序，收撤桌面上的布巾、餐具、酒具，将餐具、酒具送至洗碗机房清洗。<br>4. 清理完桌面后，立即更换台布。<br>5. 用干净布巾把花瓶、调味瓶和台号牌擦干净后按摆台规范摆上桌面。<br>6. 有转盘的餐桌，需先取下已用过的转盘罩及转盘，然后更换台布，再摆好转盘，套上干净的转盘罩。 |

9. 日志填写

表 3-1-10　日志填写程序与规范

| 程序 | 规范 |
| --- | --- |
| 资料准备 | 迎宾记录，餐厅每天所有的点菜单、团队通知单、早餐单。 |
| 填写 | 1. 餐厅经营情况、服务人数，每项都需要认真计算后，以数字形式填写。<br>2. 如遇投诉，要将客人投诉等事件的详细过程、处理意见、处理结果完整记录下来。<br>3. 报表中出现的问题，应写出原因并进行分析。<br>4. 针对问题写出解决计划、解决办法。 |
| 上报 | 将填写好的报表上交餐厅经理。 |
| 存档 | 复印一份作为资料存档，每月装订一次。 |
| 反馈 | 1. 客人投诉情况，事后要写上餐厅的改进措施、客人的反馈意见。<br>2. 经营情况，要记录改进后的效果。 |

## 学习支持

零点服务具体内容如下：

### 1. 预订餐位

（1）预订方式：电话预订、当面预订。

（2）预订基本内容“六要素”：用餐日期和时间；人数和标准；预订人姓名及电话；菜单和酒单；包房和餐台；其他特殊要求。

### 2. 迎客准备

迎客“五准备”：餐具、餐桌、备餐柜、酒水、菜单准备。

### 3. 迎客服务

问候引领、安排入座、点菜送水。

### 4. 点菜服务

介绍和推销菜肴、填写点菜单、传递点菜单。

### 5. 就餐服务

上菜、就餐服务、撤换餐具。

### 6. 结账服务

核对账单、递交账单、结账。

### 7. 送客服务

热情送客，认真检查。

### 8. 撤台

规范撤台、圆满收尾。

### 9. 日志填写

填写情况（客人投诉）、上交报表。

## 任务训练

1.零点服务训练

学生每8人一组,在实训室进行零点服务操作练习。

2.撤台训练

学生每8人一组,根据以下示范在实训室进行中餐撤台专项技能训练。

以通道及门口为基准台脚摆成四方形。

图3-1-1　餐台摆放标准

老师:"预备。"
学生:立正,双手握于腹前,面带微笑,站于台前(近主位右边)。
老师:"开始。"(开始计时)
学生:听到"开始"后,响亮地说出"谢谢××",边说边开始收餐巾。

图3-1-2　预备开始

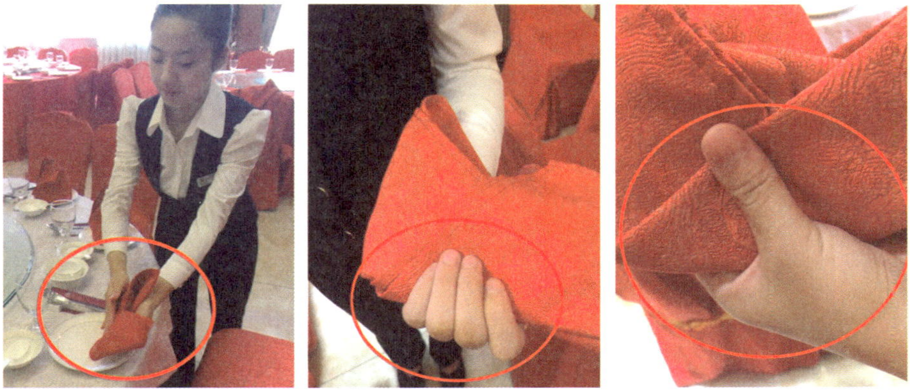

将收好的餐巾放于左手,拿餐巾的手势如上。

图3-1-3 收餐巾(手势)

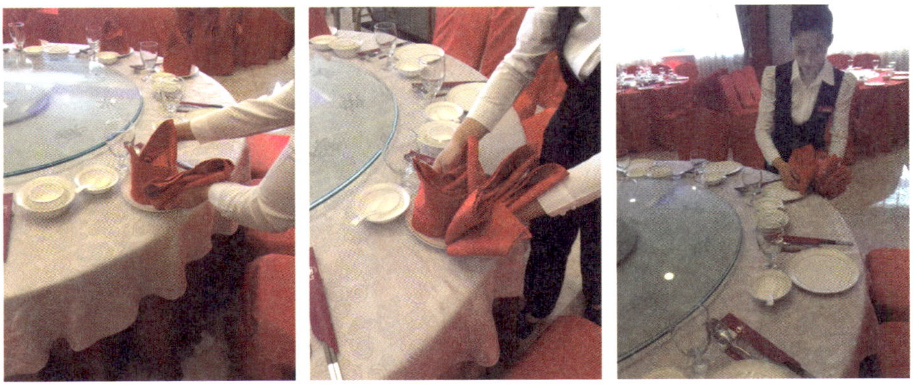

注意速度要快且要保证餐巾不收散、收乱。

图3-1-4 收餐巾(速度)

放好餐巾以后快速拿起托盘去收杯子,注意餐巾要摆放整齐。

图3-1-5 放餐巾

按标准手势拿杯子且不可打破杯子。

图3-1-6　收杯子

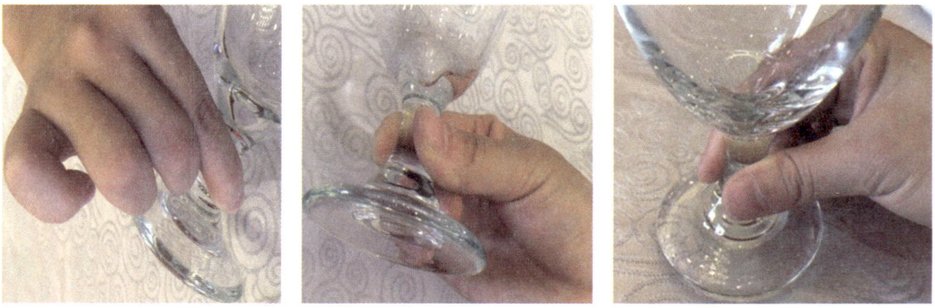

拿杯子柄的底部，切记不可拿杯壁、杯口。

图3-1-7　拿杯子标准手势

杯子收好后将其整齐放于工作台，每次只能拿一只。放好杯子后去收小家私。

图3-1-8　放杯子

图3-1-9　收小家私(碗)

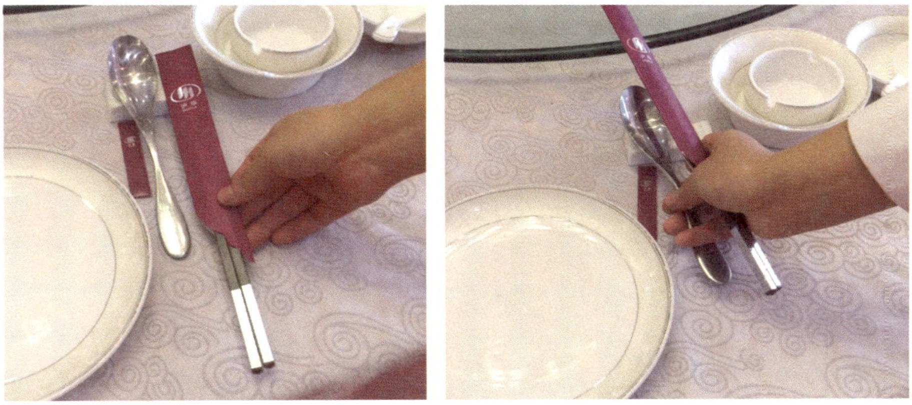


图3-1-10　收小家私(筷子与服务羹)

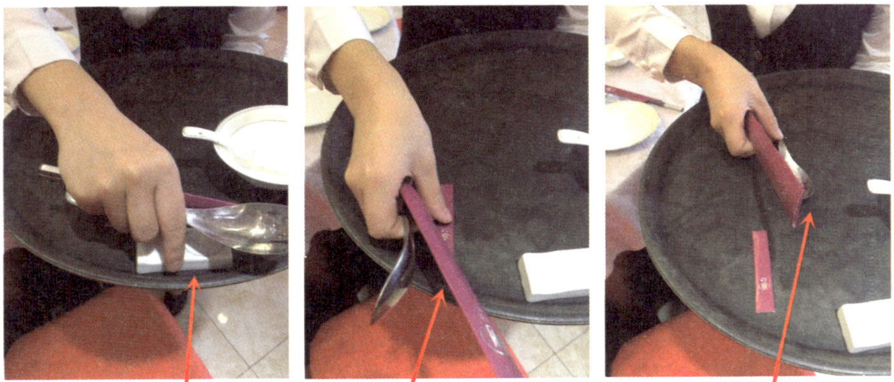


图3-1-11　收小家私(筷架、牙签、服务羹)

图3-1-12　收小家私(瓷羹)

边走边整理托盘。

图3-1-13　收小家私(整理托盘)

全部收好以后放于工作台,拿托盘收骨碟、烟盅。

图3-1-14　收小家私(放于工作台)

先收骨碟后收烟盅。

图3-1-15　收骨碟、烟盅(先收骨碟后收烟盅)

边走边整理烟盅。

图3-1-16　收骨碟、烟盅(整理烟盅)

骨碟靠内侧边沿摆放，边走边整理。

图3-1-17　收骨碟、烟盅(摆放骨碟)

全部收好以后，快速放于工作台，然后收台布。

图3-1-18　收骨碟、烟盅（放于工作台）

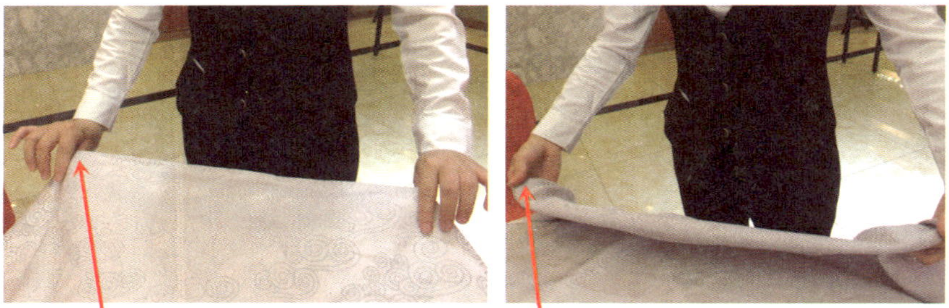

大拇指与食指捏台布边沿，食指朝上。　然后将大拇指翻过来朝上。

图3-1-19　收台布（捏台布并翻折）

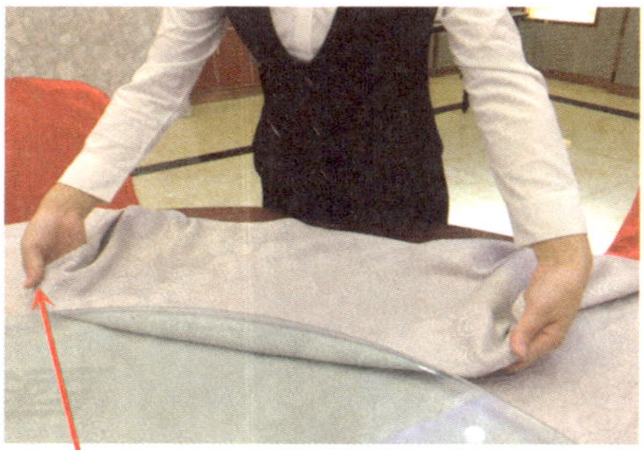

用食指捏台布并将其推于转盘下方挨近转心。

图3-1-20　收台布（推台布）

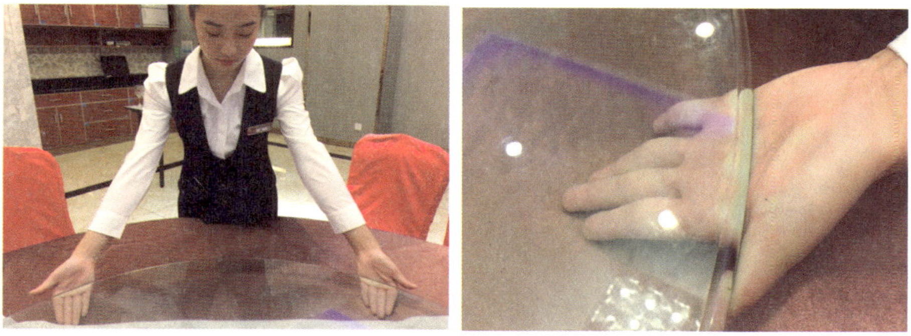

用掌心将转盘扶起，手指不可碰到转盘。

图3-1-21　收台布（扶转盘）

转盘要左右晃动着移动，
不可直接拖拉。

图3-1-22　收台布（移转盘）

将转盘下方的台布平拉出来。

图3-1-23　收台布（平拉台布）

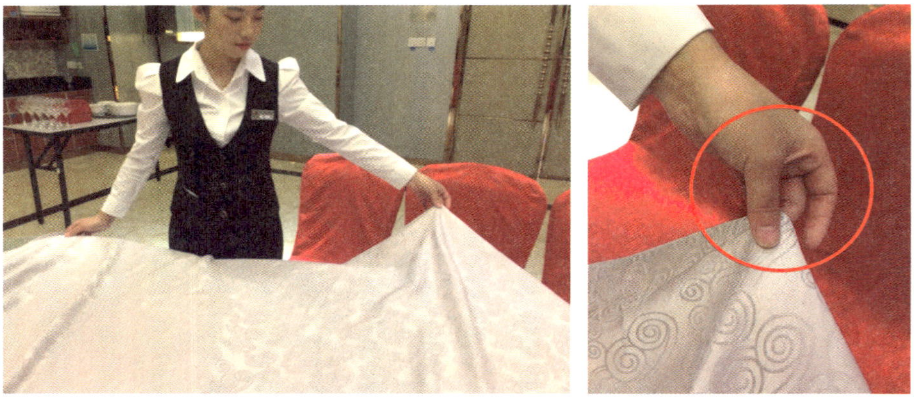

左手大拇指与中指捏副主位台布边沿。

图3-1-24　收台布（左手捏台布）

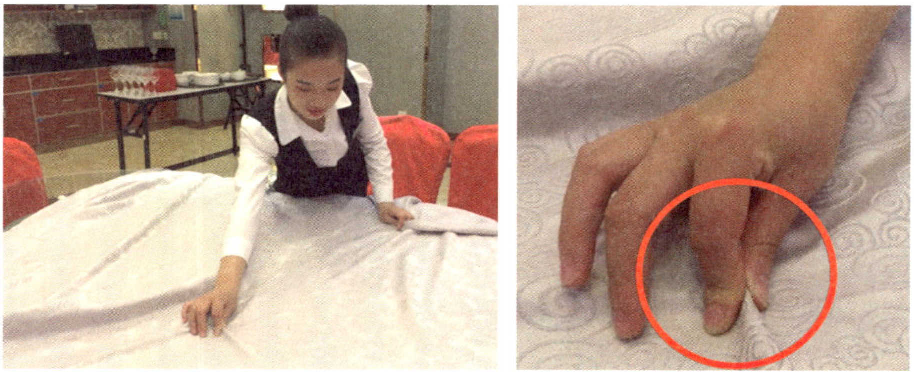

右手大拇指与食指捏台布中间。

用右手大拇指与食指将台布拉到边上。

图3-1-25 收台布(右手拉台布)

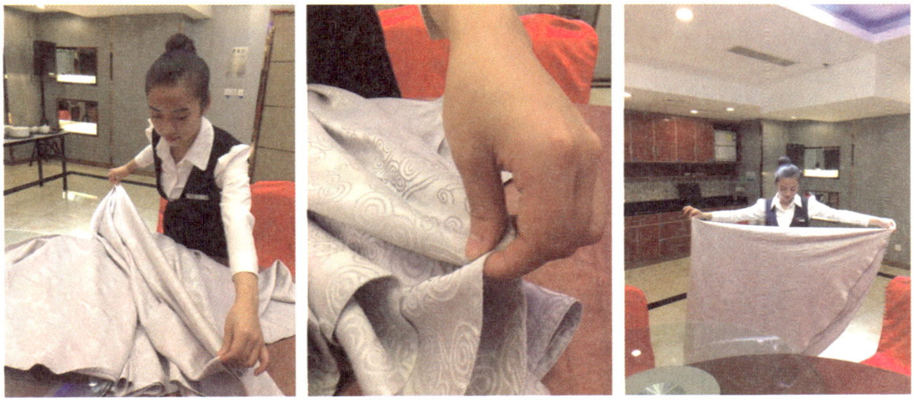

左手大拇指与食指捏主位台布边沿,然后将台布提起。

图3-1-26 收台布(提起)

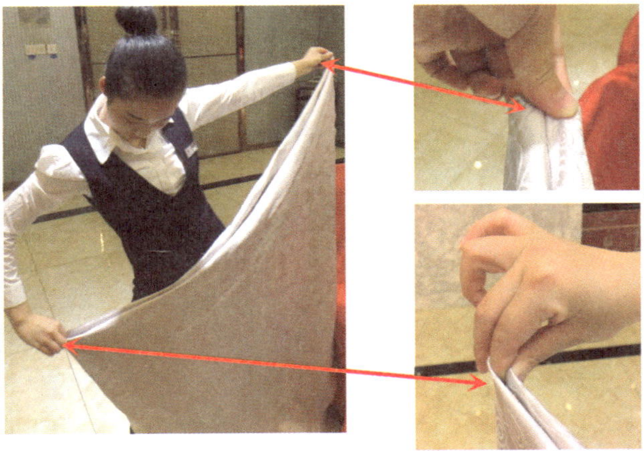

按图中手势将台布向外对叠。

图3-1-27 收台布(向外对叠)

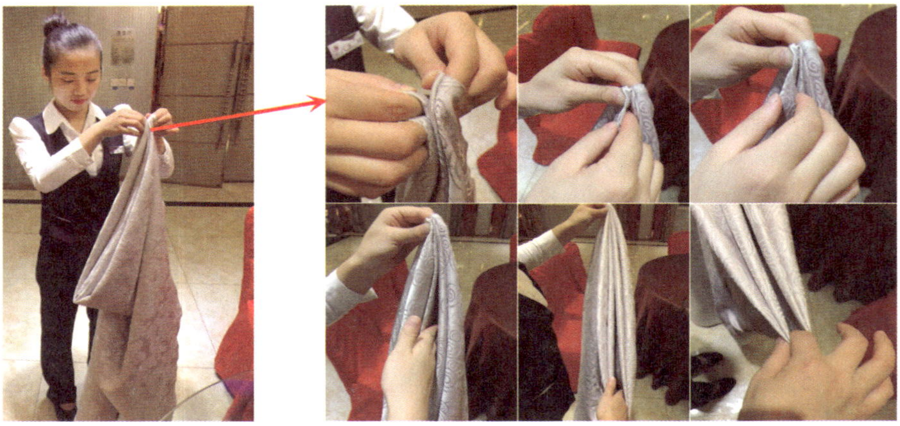

图 3-1-28　收台布（接着对叠）

图 3-1-29　收台布（继续对叠）

图 3-1-30　收台布（再向外对叠）

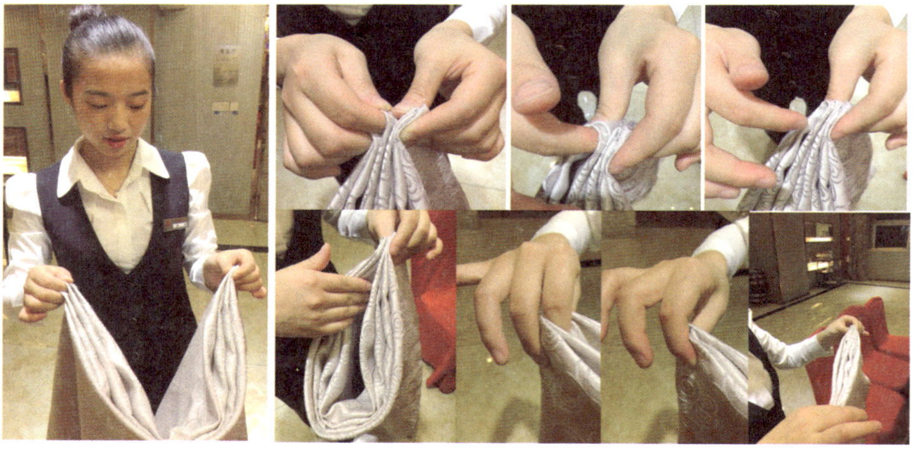

图 3-1-31　收台布（再对叠）

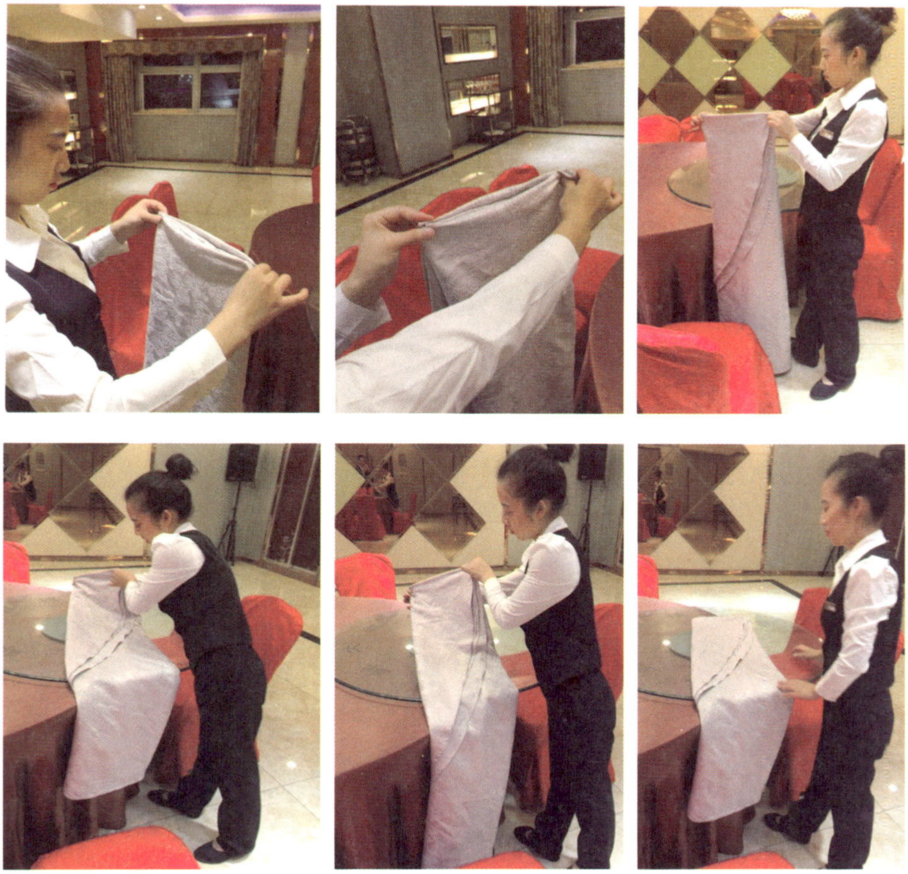

将台布平拉到转盘上。

图3-1-32　收台布（平拉台布）

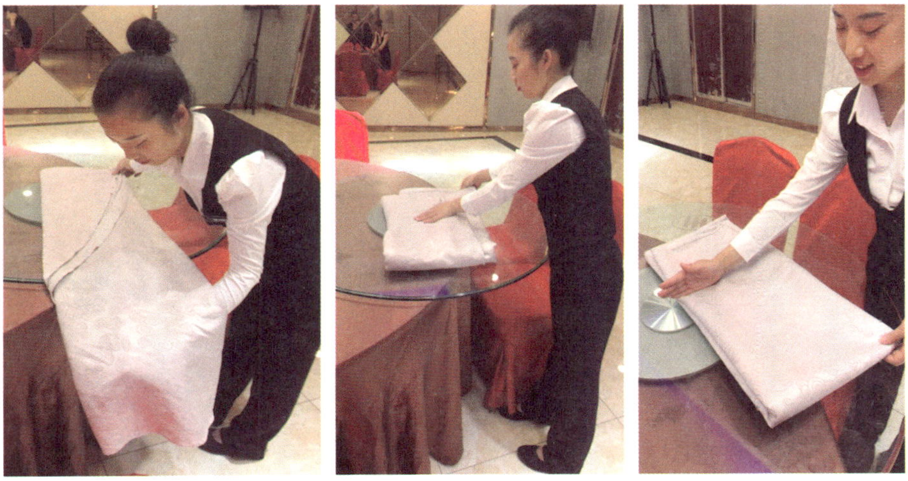

如图示将台布再对折。

图3-1-33　收台布（再对折）

将叠好的台布放在副主位右边的椅子上。

图3-1-34　收台布(叠好后放椅子上)

收隔水布的手法与收台布一样。

图3-1-35　收隔水布

图3-1-36　收台裙(一)

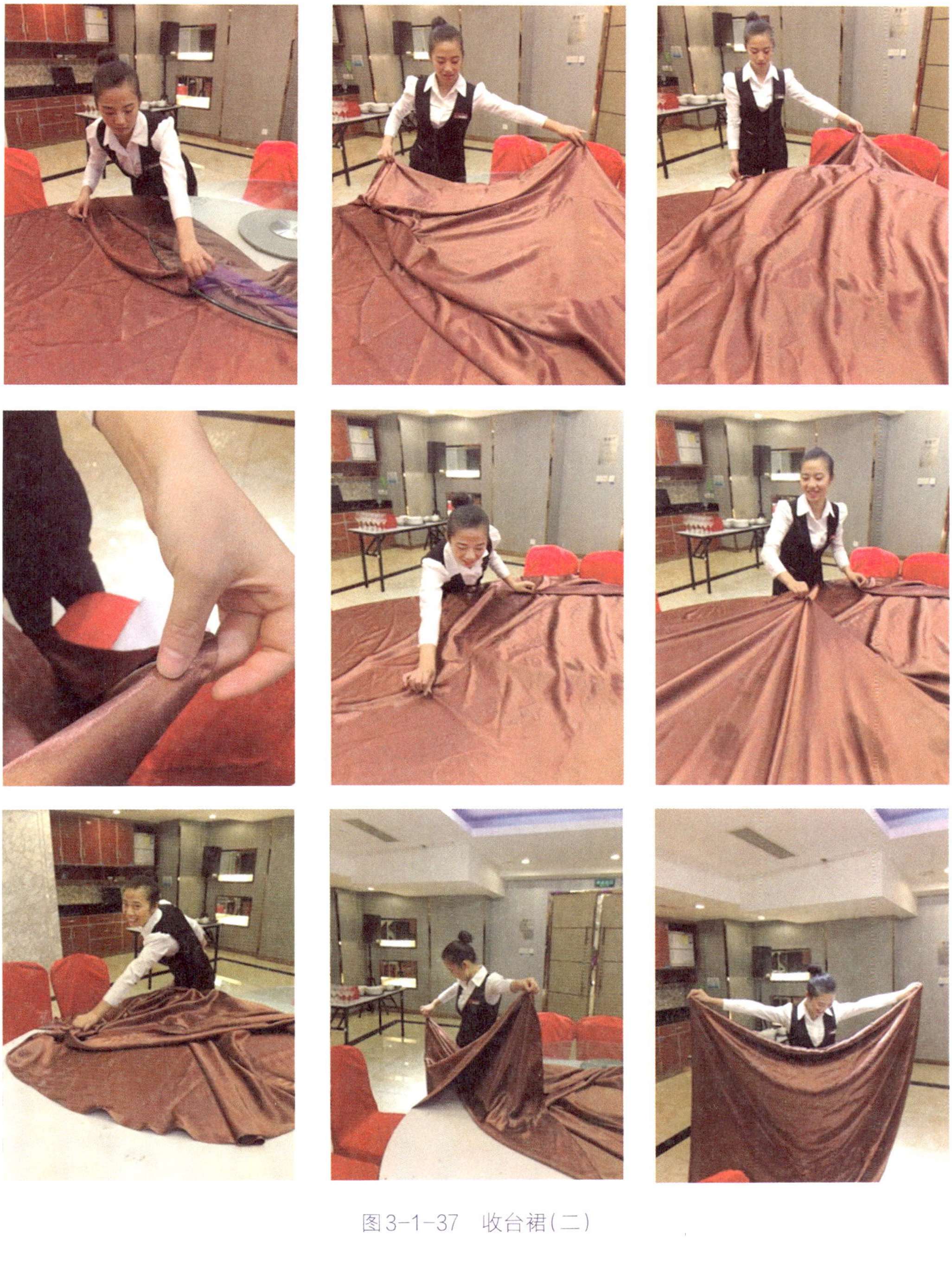

图3-1-37　收台裙（二）

图3-1-38　收台裙(三)

学生(敬礼):“报告××,××店,××操作完毕!”

听到报告声音完毕后,老师看表报时:“××分××秒。”

学生:“谢谢××!”

老师:检查托盘家私整理、工作台托盘物品摆放、台布的叠放等是否达标。

当有报出问题和分数时,学生必须要回应:“谢谢××!”

图3-1-39　收台裙(结束)

图3-1-40　工作台家私摆放标准

(图片来源:上海沪华酒店管理有限公司)

## 任务评价

表3-1-11 零点服务评价表

| 内容 | 评价项目 | 评价标准 | 分值（分） | 扣分（分） | 得分（分） |
|---|---|---|---|---|---|
| 零点服务 | 仪容仪表（10分） | 仪容仪表符合职业岗位规范。 | 5 | | |
| | | 操作卫生。 | 5 | | |
| | 预订餐位（10分） | 为客人预订好餐位。 | 10 | | |
| | 迎客准备（5分） | 做好充分的迎客准备。 | 5 | | |
| | 迎客服务（15分） | 为客人带位。 | 3 | | |
| | | 即时为客人拉椅让座。 | 3 | | |
| | | 做好菜单茶水服务。 | 3 | | |
| | | 做好毛巾餐巾服务。 | 3 | | |
| | | 规范撤、加餐具。 | 3 | | |
| | 点菜服务（10分） | 完成点菜服务。 | 10 | | |
| | 就餐服务（10分） | 做好就餐服务。 | 10 | | |
| | 结账服务（10分） | 做好结账服务。 | 10 | | |
| | 送客服务（10分） | 向客人致谢。 | 5 | | |
| | | 检查是否有客人的遗留物品。 | 5 | | |
| | 撤台（5分） | 规范撤台。 | 5 | | |
| | 日志填写（10分） | 认真填写情况（客人投诉）。 | 5 | | |
| | | 报表上交。 | 5 | | |
| | 动作（5分） | 操作规范，动作娴熟、优雅。 | 5 | | |
| | 总分 | | 100 | | |

## 任务思考

比较中餐零点服务和西餐零点服务有哪些不同。

## 任务拓展

选择当地的一家度假村餐厅，组织一次零点服务技能培训。

## 知识链接

### 中国菜肴——八大菜系

中国菜肴流派众多、技艺精湛、品类丰富，是中国烹饪数千年发展的结晶。不同地域形成了不同特色的菜肴流派，以鲁、川、苏、粤、闽、浙、徽、湘等八大菜系最为有名。其共同特点是原料广博、刀工考究、拼配得体、调味适口、火候精到。同时又以许多独到之处而各具特色。

一、鲁菜

鲁菜为八大菜系之首，主要由济南和胶东风味组成。其选料考究、刀工精细、调味得体、工于火候。鲁菜具有鲜咸适度、清爽脆嫩之特色。以八宝布袋鸡、锅塌豆腐、糖醋黄河鲤鱼、四喜丸子等为代表。

二、川菜

川菜主要由成都、重庆两个流派组成。其取材广泛、调味多样、清鲜醇浓并重，尤以麻辣著称于世，享有“一菜一格、百菜百味”之誉。菜品雅俗共赏，有工艺精湛的樟茶鸭等名菜，又有三蒸九扣、回锅肉、宫保鸡丁、麻婆豆腐等家常风味，还有风格独异的夫妻肺片、灯影牛肉等民间小吃。

三、苏菜

苏菜又称淮扬菜，主要由扬州、苏州、南京风味组成。以扬州风味为主，以清淡味雅著称，突出本味，以烹制河鲜见长，十分注重吊汤，制作精致，清汤三套鸭、糖醋鳜鱼、清炖蟹粉狮子头甚为出名。造型美观，注重饮食审美，冷拼讲究造型，变化多端，以萝卜花雕、逸圃花篮为典型，其艳丽多姿，是高雅的艺术品。

四、粤菜

粤菜主要由广州、潮州、东江风味构成。以广州菜为代表。选料广博奇杂，鸟兽蛇鼠均为佳肴，风味上夏秋求清淡，冬春取浓郁，调味别具一格，精于熬汤，有五滋六味之别，名品有三蛇龙虎凤大会、五蛇羹、烤乳猪、出水芙蓉鸭。

五、闽菜

闽菜主要由福州、漳州、厦门、泉州风味组成。烹调技法以清汤、干炸、爆炒为主，常用红糟调味，偏重甜酸。名菜有佛跳墙、红糟鸡丁、清汤鱼丸、西施舌、白雪鸡等。

六、浙菜

浙菜主要由杭州、宁波、绍兴风味构成。最负盛名的是杭州菜。有清鲜、香脆、细嫩的特色，名品有西湖醋鱼、叫花鸡、东坡肉、生爆鳝片、龙井虾仁。

七、徽菜

徽菜主要由皖南、沿江和沿淮风味构成。以皖南菜为主要代表。以炖、烧、蒸为主，讲究“三重”：重油、重酱色、重火工，名品有霸王别姬、腌鲜鳜鱼、李鸿章杂烩等。

八、湘菜

湘菜主要由湘江、洞庭和湘西风味构成。采用熏腊原料较多，烹法以熏蒸、干炒为主，风味重酸辣，内涵精当、外形美观。名肴有百鸟朝凤、凤尾虾、东安仔鸡、金钱鱼、冰糖湘莲、清蒸鱼等。

任务二

# 中餐宴会服务

中餐宴会服务

## 任务目标

1. 了解宴会服务的“八知”“三了解”及宴会服务注意事项。

2. 熟练掌握中餐宴会服务程序与标准。

3. 具备独立组织并规范、熟练地为客人提供中餐宴会服务的能力。

## 任务描述

小枚对酒店服务员进行零点服务技能培训后，酒店的零点接待水平提高。近来，酒店承接的中餐宴会业务越来越多，这对服务员中餐宴会服务能力，特别是中餐主题宴会服务能力提出了新的要求。叔叔请小枚对服务员进行中餐宴会服务技能培训。她该如何进行培训？

## 任务分析

中餐宴会服务是每位餐饮服务员必须掌握的技能之一。中餐宴会服务主要包括准备工作、迎宾服务、就餐服务（如上菜服务、分菜服务）等。上菜服务是每位餐饮服务员必须掌握的基本技能。分菜服务是宴会服务中应用最为频繁、动作要求最为严格的技能之一，同时其动作也是最富有创造性和展示性的。

## 任务实施

阅读学习支持及相关资料，掌握中餐宴会服务程序与标准，具备独立组织并规范、熟练地为客人提供中餐宴会服务的能力。

表3-2-1　工作表单

| | |
|---|---|
| **任务目标** | 熟练掌握中餐宴会服务程序与标准。 |
| **任务地点** | 当地乡村酒店等。 |
| **任务目的** | 通过技能培训，具备独立组织并规范、熟练地为客人提供中餐宴会服务的能力。 |
| **任务准备** | 评价表、分析记录本等。 |
| **任务要求** | 学生分组，8人一组进行训练。 |
| **任务考核** | 教师根据《中餐宴会服务评价表》进行评分。 |

## 操作流程

### 1.准备工作

表3-2-2　准备工作程序与规范

| 程序 | 规范 |
|---|---|
| 掌握情况 | 接到宴会通知单后，宴会管理人员和服务员应做到“八知”“三了解”。 |
| 明确分工 | 一般由餐饮部经理或宴会经理在准备阶段向服务员交任务、讲意义、提要求、宣布人员分工及服务注意事项。重要宴会还要事先演练路线、方位、站位等。 |
| 宴会布置 | 根据宴会预订要求，进行宴会场地布置。 |
| 熟悉菜单 | 能准确说出每道菜肴的名称，能准确描述每道菜肴的风味特色，能准确讲出每道菜肴的配菜和佐料，能准确知道每道菜肴的制作方法，会正确服务每道菜肴。 |
| 准备物品 | 根据宴会通知单的服务要求，准备好各式服务用具，备好菜肴的佐料，备好鲜花、水果等物品。 |

续表

| 程序 | 规范 |
| --- | --- |
| 铺设餐台 | 宴会开始前一小时，按宴会通知单的具体要求摆好餐台。在副主位的桌边，面向宴会厅的入口摆台号，在每个餐位的水杯前放席位卡。 |
| 摆放冷盘 | 大型宴会开始前15分钟左右摆上冷盘，然后斟预备酒(根据主办方要求)。中小型宴会则视客人情况而定或根据主办方要求去做。 |
| 全面检查 | 准备工作全部就绪后，宴会管理人员要做一次全面的检查。 |

2.迎宾服务

表3-2-3　迎宾服务程序与规范

| 程序 | 规范 |
| --- | --- |
| 热情迎宾 | 1.根据宴会的入场时间，宴会管理人员和迎宾员要提前30分钟在宴会厅门口迎候客人，值台员站在各自负责的餐台旁准备为客人服务。<br>2.客人到达时，要热情迎接、礼貌问候。回答客人问题和引领客人时注意使用敬语，做到态度和蔼、语言亲切。 |
| 接挂衣帽 | 1.规模较大的宴会，则需设衣帽间存放衣帽。规模较小的宴会，一般不设专门的衣帽间，通常在宴会厅里面摆放衣帽车，安排服务员帮助客人接挂衣帽。<br>2.接挂衣服时，应握衣领，切勿倒提，以防衣袋内的物品倒出。贵重的衣服要用衣撑悬挂，以防走样。重要客人的衣物可单独挂放，要凭记忆进行准确的服务。贵重物品应请客人自行保管。 |
| 端茶递巾 | 1.待客人脱去衣帽后，将客人引入休息室，服务员请客人入座，并根据接待要求递上小毛巾、茶水。<br>2.递巾送茶服务均按先宾后主、先女后男的次序进行。<br>3.主人表示可入席时，方可引领客人入席。 |

### 3.就餐服务

表3-2-4　就餐服务程序与规范

| 程序 | 规范 |
| --- | --- |
| 入席服务 | 1.值台员在开宴前5分钟斟好酒水，并站在各自服务的餐台旁等候客人入席。当客人来到席前，要面带笑容，引请入座。<br>2.待客人坐定后，立即把台号、席位卡、花瓶或花盆拿走，将菜单放在主人面前，然后给客人递送小毛巾、铺餐巾、撤筷套、上菜，根据客人的要求斟酒或饮料。 |
| 斟酒服务 | 1.为客人斟酒水时，要事先征求客人意见，根据客人的要求斟其喜欢的酒水，如客人提出不要，则应将客人位前的空杯撤走。<br>2.酒水要勤斟，当客人杯中酒水剩余1/3时应及时添酒水，斟时注意不要弄错酒水种类。<br>3.客人干杯和互相敬酒时，应迅速拿酒瓶到台前准备添酒。主人和主宾讲话前，要注意观察每位客人杯中的酒水是否已添加。<br>4.在主人和主宾离席讲话时，主宾席的值台员要立即斟上甜酒或白酒各两杯放在托盘中，托好站在讲台一侧等候，以备举杯祝酒。<br>5.当主人或主宾到各台敬酒时，值台员要准备酒瓶跟随以备添酒，客人要求斟满酒杯时，应为其斟满。 |
| 上菜服务 | 1.菜应趁热上，厨房出菜时一定要在菜盘上加盖子，菜上好后取走。多台宴会的上菜要看主台或听指挥，做到行动统一，以免造成早上或迟上、多上或少上的现象。<br>2.可根据具体情况，根据客人意愿适时给客人分派汤菜，可采用桌上分让式、旁桌式分菜或二人合作式。 |
| 分菜服务 | 大型宴会由餐厅统一规定分派菜肴的方式，可展示出整个宴会的一致性和服务员的训练有素。小型宴会则可交替使用分菜方式。 |
| 撤换餐具 | 为体现宴会的服务质量，突出菜肴的风味特色，保持台面的卫生和整洁，在宴会进行的过程中，需要多次撤换餐具。重要宴会要求每道菜换一次餐碟．一般宴会的换碟次数不得少于3次。 |
| 结束时服务 | 1.客人用餐完毕，送上热茶和小毛巾，随即收去台上不用的餐具，抹净转盘，服务餐后水果及甜品。<br>2.待客人用完，撤走水果盘，递上小毛巾，摆上鲜花，以示宴会结束。 |

续表

| 程序 | 规范 |
| --- | --- |
| 结账准备 | 上菜完毕后即可做结账准备。清点所有酒水、加菜等宴会菜单以外的费用并累计总数,送收款台准备账单。如客人付现金则现收,如是签单或支票.则应将账单交客人或宴会经办人签字后送收款台核实,并及时送财务部入账结算。 |
| 拉椅送客 | 主人宣布宴会结束,值台员要提醒客人带齐随身物品。当客人起身离座时,要主动为其拉开座椅,方便客人离席,并视具体情况目送或随送客人至餐厅门口。如宴后安排休息,要根据接待要求进行餐后服务。 |
| 取递衣帽 | 衣帽间的服务员应根据取衣牌号码,及时、准确地将衣帽取递给客人。 |
| 收台检查 | 在客人离席的同时,值台员要检查台面上是否有客人遗留物品。在客人全部离去后立即清理台面。清理台面时,按先餐巾、银器,后酒具、瓷器、刀叉的顺序分类收拾。凡贵重餐具要当场清点。 |
| 清理现场 | 各类开餐用具要按规定位置复位,重新摆放整齐,开餐现场重新布置恢复原样,以备下次使用,待管理人员检查验收合格后方可离开。 |
| 征集意见 | 宴会结束后,服务员应主动征求来宾或陪同人员意见,并做好登记,要认真总结接待工作,以提高服务质量和服务水平。 |

## 学习支持

中餐宴会服务可分为宴会前的准备工作、开宴时的迎宾服务、宴会中的就餐服务和宴会的收尾工作四个基本环节。

### 一、宴会前的准备工作

#### (一)掌握情况

在接到宴会通知单后,宴会管理人员和服务员应做到“八知”“三了解”。“八知”即知台数、知人数、知宴会标准、知开餐时间、知菜式品种及出菜顺序、知宴请单位或房号、知收费办法、知邀请对象;“三了解”即了解客人风俗习惯、了解客人生活忌讳、了解客人特殊需求。

### （二）明确分工

根据宴会要求对迎宾、值台、传菜、衣帽间、贵宾室等岗位进行明确分工并落实到人，每位工作人员都有具体任务和质量标准。

### （三）宴会布置

根据宴会预定要求，进行宴会场地布置。

### （四）熟悉菜单

服务员应熟悉宴会菜单及主要菜点的风味特色，了解每道菜点的服务程序，做到能准确讲出每道菜肴的名称、主料与配料、风味特点和制作方法。

### （五）准备物品

服务员根据菜单的要求准备好各种餐具、用具，准备好菜肴跟配的佐料等，还要根据宴会通知单要求，备好酒水、香烟、水果、鲜花等物品。

### （六）铺设餐台

铺设餐台通常在宴会开始前一小时进行。摆台前要洗净双手，将各种餐具、用具按照宴会台面摆设要求进行摆设。

### （七）摆放冷盘

大型宴会一般在开宴前15分钟左右摆上冷盘，斟预备酒。

### （八）全面检查

准备工作结束后要进行一次全面检查。

## 二、开宴时的迎宾服务

### （一）热情迎宾

根据宴会通知单上的入场时间，宴会管理人员和迎宾员提前在宴会厅门口迎接客人，值台员则站在各自负责的餐台旁准备为客人提供服务。当客人到达宴会厅时，迎宾员要面带微笑、主动热情地向宾客问好，表示欢迎，并引导客人到休息室休息。

### （二）接挂衣帽

如果宴会规模不大，可不设专门的衣帽间，只在宴会厅里放置衣帽架，并安排服务员服务客人接衣挂帽；如果宴会规模较大，必须设计专门的衣帽间并安排专人进行服务。接挂衣物时应握衣领，切勿倒置，以防衣袋内的物品掉出来；贵重衣物要用衣撑，以免衣服走样；重要宾客要凭记忆进行准确服务；贵重物品请客人自己保管。

### (三)端茶递巾

客人进入休息室后，服务员应热情礼貌地招呼客人入座，根据要求递上毛巾、斟上热茶或酒水，并端上新鲜的果品及香烟等。此服务要按照先宾后主、先女士后男士的顺序进行，并注意语言与动作相协调。

## 三、宴会中的就餐服务

### (一)入席服务

值台员在开宴前5分钟斟好酒水，然后站在各自服务的餐台旁等候客人入席。当客人来到席前，服务员要面带微笑、使用敬语向客人问好并请客人入座，注意照顾好主宾、年老行动不方便的客人和年幼的客人，最后按先宾后主、先女士后男士的顺序为客人拉开座椅。客人坐定后即可撤掉台号、席位卡、花瓶、花插等，然后帮客人把餐巾折花拆开摊在客人腿上，同时松筷套，撤去冷盘上的保鲜膜，接着迅速给客人斟上入席茶，递送小毛巾。

### (二)斟酒服务

为客人斟倒酒水前，要征求客人的意见，根据客人的要求为他们斟上各自喜欢喝的酒水。斟倒酒水时服务员要站在客人身后右侧，右脚在前，侧身而行；托盘斟酒时，服务员左手端托盘，右手握瓶，注意商标朝外，从主宾开始顺时针绕台一周，为客人斟上酒水，或者按先主宾、再其他客人、最后主人的顺序斟酒。如果有客人不要其种酒水，应将其空杯从餐台上撤走。在主人讲话祝酒时，服务员应停下一切活动，端正地站在靠近墙的位置。主人讲话结束，服务员要及时递上斟好酒水的酒杯供干杯用。在宴会中，服务员应随时注意宾客的酒杯，见剩下1/3杯酒或空杯时应及时为客人斟倒，直至客人示意不要为止。如果酒水用完则需要征求主人意见看是否需要再添加。

### (三)上菜服务

当冷盘吃去了1/3或将近一半时，可征求主人的意见，然后通知厨房准备上热菜。上菜时需要注意以下五点：

(1)宴会中的热菜要趁热上，并遵循一定的顺序。宴会上菜的顺序，各菜系之间略有不同。一般顺序是冷盘、热盘、大菜、汤菜、炒饭、面点、水果等。

(2)要选择正确的上菜位置。正规宴会的上菜口不可选在主要客人之间。上菜口一旦选定整席就不再更改。

(3)上菜时服务员都要后退一步站好,用普通话报上菜名并简介口味特色、制作方法及出处,有些特殊的菜肴应介绍食用方法。

(4)菜肴上桌后,服务员要合理地调整摆放,注意荤素搭配、颜色搭配。

(5)上新菜之前要先撤旧盘,留出新菜的摆放位置,如果旧盘中还有剩余的菜,可征得主人同意后分给客人或放到小碟子中再放上餐台。

### (四)分菜服务

服务员给宾客分菜时,要站在宾客身后左侧,左手端盘子,右手拿分菜工具进行分菜。要胆大心细,掌握好菜的份数与数量,做到分派均匀、迅速、不滴不洒。按照先宾后主、先女士后男士的顺序进行,或者按照先主宾、副主宾,再其他客人的顺序。

### (五)撤换餐具

为体现宴会档次、服务质量,突出菜肴的风味特点,保持台面的卫生和整洁,在宴会进行过程中需要多次撤换骨碟、汤碗、汤勺及小毛巾等。重要宴会要求每道菜换一次餐碟,一般宴会席间换餐碟的次数不少于3次。换餐碟时要待客人将碟中食物吃完才能进行。撤换汤碗、汤勺,一般是每上一道汤撤换一次。注意先撤后换,保持手部卫生,姿势正确,从主宾开始,站在宾客右侧进行。为保证服务质量,宴会席间至少保证上3次小毛巾。除此之外,上需要用手协助吃的菜肴,如虾、蟹等,均需上小毛巾。烟灰缸内烟头不得超过两个,烟头超过两个或有其他杂物时必须更换。

### (六)席间服务

宴会进行中,服务员要勤巡视台面,细心观察客人的表情及示意动作,主动为其提供酒水等服务。当客人准备抽烟时要主动为其点烟。客人餐具掉在地上时,不等客人吩咐,及时为客人递换干净的餐具,然后再收拾掉在地上的餐具。为客人服务时要态度和蔼、语言亲切、动作敏捷。当客人吃完水果后撤走水果盘,递上小毛巾,然后撤走餐具,摆上鲜花以示宴会结束。

## 四、宴会的收尾工作

### (一)及时检查

宾客离开后,服务员要及时检查宴会厅或休息室有无客人遗留物品,如有则须送还给客人,然后继续检查台面或地毯上有无燃着的烟头。

### (二)收拾餐桌

按顺序收拾餐桌,并分类收拣餐具、用具,清点数量。抹净餐台,打扫地面,并将桌椅归位摆好。

### (三)关门离厅

关掉所有电灯、电器,关好门窗,然后离开宴会厅。

### (四)征求意见

宴会结束后,服务员应主动征求来宾或陪同人员意见,认真总结接待工作,以提高服务质量和服务水平。

## 任务训练

### 1. 中餐宴会服务训练

(1)教师讲解示范,学生学习中餐宴会服务的步骤和方法。

(2)练习:学生每8人一组,在实训室或户外的大场地按所学的中餐宴会服务程序与规范进行模拟操作练习。

### 2. 中餐宴会服务比赛

学生进行中餐宴会服务技能比赛。

## 任务评价

表 3-2-5　中餐宴会服务评价表

| 内容 | 评价项目 | 评价标准 | 分值(分) | 扣分(分) | 得分(分) |
|---|---|---|---|---|---|
| 中餐宴会服务 | 仪容仪表(10分) | 仪容仪表符合职业岗位要求。 | 5 | | |
| | | 操作卫生。 | 5 | | |
| | 宴会准备(20分) | 做好充分的准备工作。 | 20 | | |
| | 宴会迎宾(20分) | 做好迎宾服务。 | 20 | | |
| | 宴会就餐服务(40分) | 做好斟酒服务。 | 5 | | |
| | | 做好上菜服务。 | 15 | | |
| | | 做好分菜服务。 | 5 | | |
| | | 做好结账准备。 | 5 | | |
| | | 认真做好收台检查。 | 10 | | |
| | 动作(10分) | 操作规范,动作娴熟、优雅。 | 10 | | |
| | 总分 | | 100 | | |

## 任务思考

比较中餐宴会服务和零点服务有哪些不同。

## 任务拓展

选择当地的一家度假村餐厅,组织一次中餐宴会服务技能培训。

## 知识链接

### 智能餐厅与传统餐厅

随着现代消费结构的变化和线上、线下一体化发展，智能餐厅与传统餐厅的差别主要体现在服务上，传统餐厅仅仅是对顾客的维护，而智慧餐厅是引领顾客。智能餐厅与传统餐厅对比如表3-2-6。

表3-2-6　智能餐厅与传统餐厅的区别

| 对比项目 | 智能餐厅 | 传统餐厅 |
|---|---|---|
| 点菜方式 | 最新图文菜单。 | 纸质文字菜单。 |
| 分区模块 | 可按餐段、菜品等详细分区。 | 仅按菜品分区，可能出现暂无本菜的情况分区。 |
| 流程透明度 | 系统点餐支付、在线监控后厨。 | 人工点餐支付，后厨不可见。 |
| 营销模式 | 线上、线下一体化营销。 | 线下人工营销。 |
| 改进空间 | 系统附带评分功能。 | 无信息回馈。 |
| 新兴业推动力 | 大。 | 小。 |
| 支付方式 | 线上人脸支付、线上二维码支付。 | 线下二维码支付、线下现金支付。 |
| 第三方依赖性 | 低。 | 高。 |
| 运营方式 | 会员制：降低揽客成本，强化消费黏性，增加竞争力。 | 老顾客制：仅面向老顾客，对新顾客无吸引力，竞争力较弱。 |

# 任务三
# 西餐宴会服务

西餐宴会服务

## 任务目标

1. 了解西餐菜肴知识、西餐服务方式。
2. 熟练掌握西餐宴会服务程序与标准。
3. 具备独立组织并规范、熟练地为客人提供西餐宴会服务的能力。

## 任务描述

随着叔叔的乡村酒店的服务质量不断提高以及打造特色餐饮，吸引了大量外国游客，西餐宴会需求不断增加，酒店急需提升西餐宴会服务水平。叔叔请小枚对服务员进行西餐宴会服务技能培训。她该如何进行培训？

## 任务分析

西餐宴会服务是餐饮服务员必须掌握的技能之一，具体包括准备工作、迎接客人、斟酒、餐间服务、清台、上甜食、上咖啡和茶、送客等环节。应熟悉西餐宴会服务的程序及规范并进行训练。

## 任务实施

阅读学习支持及相关资料，掌握西餐宴会服务程序与标准，具备独立组织并规范、熟练地为客人提供西餐宴会服务的能力。

表3-3-1 工作表单

| | |
|---|---|
| 任务目标 | 熟练掌握西餐宴会服务程序与标准。 |
| 任务地点 | 当地乡村酒店等。 |
| 任务目的 | 通过技能培训，具备独立组织并规范、熟练地为客人提供西餐宴会服务的能力。 |
| 任务准备 | 评价表、分析记录本等。 |
| 任务要求 | 学生分组，8人一组进行训练。 |
| 任务考核 | 教师根据《西餐宴会服务评价表》进行评分。 |

## 操作流程

表3-3-2 西餐宴会服务程序与规范

| 程序 | 规范 |
|---|---|
| 准备工作 | 1.开餐前半小时，按宴会预订标准将一切准备工作做好。<br>2.往水杯中注入4/5的冰水，点燃蜡烛。<br>3.面包要放在面包篮里并摆在桌上，黄油要放在黄油碟里。<br>4.将餐厅门打开，迎宾员站在门口迎接客人。<br>5.服务员站在桌旁，面向门口。 |
| 迎接客人 | 客人进来时迎宾员要向客人问好，为客人拉椅、送椅，客人坐下后从右侧为客人铺上餐巾。 |
| 斟酒 | 在为客人斟酒前，要先打开瓶盖把酒倒出少许，先让主人品尝，待主人认可后再为客人斟酒，其他服务标准详见斟酒操作规范部分。 |
| 餐间服务 | 1.从客人的右侧为客人上菜。<br>2.先给女宾和主宾上菜。<br>3.客人全部放下餐具后，询问客人是否可撤盘，得到客人允许后，方可从客人的左侧将餐盘和餐具一同撤下。 |
| 清台 | 1.用托盘将面包盘、面包刀、黄油碟、面包篮、椒盐瓶全部撤下。<br>2.用服务夹将桌面残留物收走。 |

续表

| 程序 | 规范 |
|---|---|
| 上甜食 | 1.先将甜品叉、勺打开,摆成左叉右勺。<br>2.从客人的右侧为客人上甜食。<br>3.待客人全部放下餐具后,询问客人是否可以撤下,得到允许后,将盘和餐具一同撤下。 |
| 上咖啡和茶 | 1.先将糖罐、奶罐在餐台上摆好。<br>2.将咖啡杯摆在客人的面前。<br>3.上新鲜热咖啡和茶。 |
| 送客 | 拉开餐椅,然后站在餐桌旁礼貌地目送客人离开。 |

## 学习支持

### 一、西餐宴会服务具体内容

表3-3-3　西餐宴会服务具体内容

| 西餐宴会服务 | 具体内容 |
|---|---|
| 主要菜系 | 1.英国菜。<br>2.法国菜(讲究不同的菜配不同的酒)。<br>3.美国菜。<br>4.意大利菜。<br>5.俄罗斯菜。 |
| 西餐构成 | 1.西餐早餐:大体由果汁类、水果类、谷类、肉类、面包类、鸡蛋类、热饮类等组成。主要有三种:<br>(1)欧陆式早餐(全咖啡加面包);<br>(2)英式早餐(有蛋无肉);<br>(3)美式早餐(有蛋有肉)。<br>2.西餐午晚餐:大体由头盘、汤类、主菜、甜品、咖啡或茶组成。<br>(1)头盘(冷头盘和热头盘):沙拉最为典型。<br>(2)汤类:冷汤和热汤。<br>(3)主菜(主盘):套餐中最重要的部分。<br>(4)甜品:甜品是最后一道餐食。<br>(5)咖啡或茶。 |

续表

| 西餐宴会服务 | 具体内容 |
| --- | --- |
| 服务方式 | 1. 法式(最有特色)。<br>2. 英式(最放松)。<br>3. 美式(最流行)。<br>4. 俄式(高档)。 |
| 搭配原则 | 1. 汤类一般不配酒。<br>2. 头盘配低度、干型的白葡萄酒。<br>3. 海鲜配干白葡萄酒、玫瑰红酒。<br>4. 肉、禽配干红葡萄酒。<br>5. 甜品配甜食酒。 |

## 二、西餐宴会服务的具体程序和要求

西餐宴会服务一般包括餐前准备、迎宾服务、就餐服务和餐后收尾四个环节。与中餐宴会相比,西餐宴会服务要求更严格。

### (一)餐前准备

#### 1. 明确任务

接受预订的西餐宴会任务后,宴会厅负责人应了解清楚举办单位(人)和宴会规格、标准、参加人数、进餐时间、生活忌讳、是否需要餐前鸡尾酒及有什么特殊需要等。以上情况了解清楚后,要召集服务员开会,布置任务,研究完成任务的具体方法,提出完成任务的具体要求和注意事项,然后明确各服务员的服务区域及岗位职责,并将责任落实到人。

#### 2. 拟定菜单

宴会负责人要根据宴会标准、来宾要求、货源情况、设备情况等协助厨师开好菜单。菜单开出后,要征求宴会主办人的意见,如有不满意或改动要及时通知厨房。

#### 3. 整理和布置宴会厅

西餐宴会一般在单厅举行。开餐前应认真做好宴会厅过道、楼梯、卫生间、休息室等处的清洁卫生,并认真检查宴会厅和休息室内家具陈设、灯具、麦克风、电器、冷暖设备等是否完好。如果发现问题,要及时进行整修和调换。然后按宴会要求进行布置,装饰墙面、绿化等,以烘托宴会气氛,突出宴会主题。

4.准备开餐所用物品

小件餐具可根据菜单所列菜点、酒水等准备齐全。一般的西餐宴会小件餐具每客至少准备3套,较高档的西餐宴会每客要准备五六套。除备齐每客必用餐具外,还要额外准备一定数量的备用餐具,以防个别宾客在特殊情况下换用。备用餐具一般占总数的1/10即可。台布、鲜花或瓶花可按台数准备;餐巾按客数准备,并要有一定的备用数量;小方毛巾则应按每客3条准备;烟灰缸、牙签盅、调味架等公共用具一般按四客一套准备。此外,还要根据要求领取酒水、辅助佐料、茶、烟、水果等。

西餐宴会的宴会小酒吧要按菜单配兑好鸡尾酒和其他酒水,需冰镇的酒品要按时冰镇好。瓶装酒水要逐瓶检查质量,并擦净瓶身。辅助佐料也要按菜单配制,调味瓶应注满并放在调味架上。调味架要擦净,糖缸、奶缸也要擦净装满。茶、烟、水果要按宴会标准领取,并且准备好开水和冰水。水果要经过挑选并洗涤干净,需要去皮剥壳的要准备好工具。准备间则应根据要求备好面包盘、新鲜面包和黄油等。

5.布置餐台

西餐宴会无论大型或小型、多桌或单桌,餐厅都应根据宾客要求、餐厅形状及宾客人数等因素,选用合适的餐台及安排好宾主席位。西餐宴会摆台一般采用全摆台,但必须根据宴会预订菜肴的种类、道数、上菜程序及所用酒水的品种来选择餐具、用具及酒杯,然后按要求进行餐台布置。

西餐宴会铺台布之前,一般先用毡、绒、塑料等软垫根据餐台尺寸大小铺在台面上,用布绳扎紧后再铺台布。宴会台布一般为白色,要求铺好后四边下垂部分均匀,台面平整。如果餐台较大,需用数块台布拼铺,宜两人合作,从里向外铺设,使客人进门看不到接缝,并且台布的接缝要错开主宾就餐的位置。铺设完台垫、台布后,需用台裙围住餐台四周装饰餐台。台裙的颜色一般比台布颜色深,给人安全、稳重的感觉。要求铺设完的台裙上面与台面平行,下沿距地面2~5 cm。

西餐宴会使用的餐具配备。假设菜肴内容为开胃品、汤、主菜(鱼、牛排)、色拉、甜品,则每套餐具需要汤匙,鱼刀、鱼叉,主餐刀、主餐叉,色拉刀、色拉叉,甜点匙、甜点叉,面包盘、黄油碟及黄油刀,垫盘,餐巾。摆放位置应以垫盘居中,餐巾折成盘花置于垫盘上。垫盘右侧自外向里分别是汤匙、色拉刀、鱼刀、主餐刀;左侧由外向里分别是色拉叉、鱼叉、主餐叉；垫盘上方为甜点叉、甜点匙，匙头朝左，叉头朝右；色拉叉等叉具上方摆放面包盘、黄油碟及黄油刀。摆放时，要按照从左向右、由内向外的顺序进行，一般刀口朝内，叉尖、匙面朝上。酒杯根据饮用顺序从左至右摆放成直线、斜线或弧线。

西餐宴会摆台所需要的公共用具有调味架、烟灰缸、牙签盅、烛台及插花等，按照四人一套摆设在餐台中央客人能够拿取的位置。菜单按照每人一份摆在餐具的右侧，参加人数较多时可两个席位摆一份菜单。摆放西餐餐具不可直接抓，以免留下指纹，应使用托盘，并以干净的餐巾包着餐具摆放或者戴白手套进行操作。摆台全部结束后逐桌检查餐具、酒具是否齐全，位置是否合适，是否与上菜次序相符，各桌餐具是否整齐统一。

#### 6.检查个人仪容仪表

上述五项工作按照要求准备就绪后，服务员要在宾客到来之前，整理好仪容仪表，并保持精神饱满，准备为客人提供热情周到的高质量服务。

### （二）迎宾服务

#### 1.热情迎宾

宴会开席前15分钟，宴会厅负责人应带领一定数量的服务员或迎宾员提前来到宴会厅门口迎候来宾。当宾客到达时，以上人员应面带微笑热情欢迎，主动打招呼问好，并礼貌地将客人引进宴会厅或休息室。

#### 2.接挂衣帽

宾客进入宴会厅后，如果脱衣摘帽，服务员要主动接住挂在衣帽架上或存入衣帽间。衣物件数较多时，可用衣帽牌区别，衣帽牌每号要有两枚，一枚挂在衣物上，另一枚交给宾客作为领取凭证。对重要的宾客则不可用衣帽牌，要凭记忆提供服务。接挂衣物时，应拿衣领部位，切勿倒置，以防衣袋内的物品掉出。对于档次较高的衣帽应用衣撑挂放，以免衣服打皱。

#### 3.餐前鸡尾酒服务

在西餐宴会前半小时或15分钟，通常在宴会厅的一侧或门前酒廊设餐前鸡尾酒。宴前，宾客陆续到达后，先到厅内聚会交谈，服务员用托盘送上鸡尾酒、汽水及其他酒水请客人选用，茶几或小餐台上还应备有干鲜果品、鲜花等。主宾到达时，由主人陪同进入休息室与其他宾客见面，随后由主管或经理引导客人进入宴会厅，宴会正式开始。

### （三）就餐服务

（1）宴会前20分钟做好酒水的餐前准备，检查酒水质量，冰镇、温酒情况等。宴会前10分钟上齐开胃品，一般每人一份。有时也将开胃品集中摆放在餐桌上，由宾客自取或服务员分让。宴会前5分钟上齐面包和黄油。面包放在面包盘中，注意面包与客人数量一致，黄油碟摆在面包盘上方。面包作为佐餐食品，可以在任何时候与任何菜肴搭配，所以要保证客人的面包盘内始终有面包。一旦盘子空了，应立即续添，除非客人表示不要。

（2）距开宴5分钟左右时，宴会厅负责人应主动询问主人是否可以入席，经主人同意后即可通知厨房准备上菜，同时请宾客入座。值台员应精神饱满地站在餐台旁。当宾客走近餐座时，服务员要面带微笑，热情问候客人，并主动拉开座椅请宾客入座。注意先为女士、主宾拉椅。

（3）待客人坐定后应撤下席位卡，并为其打开餐巾铺好，然后托着装有各种饮料的托盘，逐一让客人选需要的饮料，并为客人斟倒酒水。

（4）当客人准备食用开胃品时，应斟倒相应的开胃酒，看到全体宾客都放下刀叉后，开始撤盘和刀叉。注意要从主宾开始，在每位客人右侧用右手撤下。

（5）上汤时应在汤盘下加垫盘，从宾客的左侧把汤上到宾客面前。上汤的顺序是先女宾后男宾再主人，后面各道菜的上菜及斟酒顺序都是如此。上汤一般不配酒，宾客用汤完毕，即撤下汤盘、汤勺。

（6）上副菜前应先为宾客斟好白葡萄酒，然后上菜。副菜品种以海鲜、鱼类为主。宾客吃完副菜后要撤下餐盘、副菜刀叉及酒杯。

（7）上主菜（又称大菜），一般配有几样蔬菜和沙司，此外还有色拉。上主菜前应先为宾客斟倒佐餐酒——香槟酒或红葡萄酒，然后用大号餐盘盛主菜送上餐桌，用小号餐盘装色拉及沙司紧跟主菜上桌。当宾客用毕主菜后，要撤盘清台，即撤掉不用的餐具，换上干净烟灰缸，扫净面包屑等。

（8）上甜点餐具要根据甜点的品种而定，一般用甜点匙和中叉。冰激凌则需专用的冰激凌匙，并将其放在垫盘内同时端上台。

(9)干酪一般由服务员分派。先在一个托盘垫上餐巾,摆上几种干酪和一副刀叉,再在另一个托盘摆上烤面包片或苏打饼干送到宾客左边,由宾客自己选用。当宾客吃完干酪应撤掉餐台上的餐具、酒具,水杯和饮料杯不动。

(10)上水果之前应先上水果盘和洗手盅,然后将已装盘的水果端至宾客面前,请宾客自己选用。

(11)如果需在餐间上咖啡(很多宴会将此道程序安排在休息室进行),则用咖啡壶斟倒,并在餐台中间摆好糖盅、奶盅,以及配用的小饼干或巧克力等。

(12)餐间服务还必须注意巡台,及时满足客人的特别需求,如添加酒水、撤换烟灰缸、点烟、撤餐具等。撤盘时如果看到客人将刀、叉并拢放在餐盘一边,表示用餐完毕,可以撤盘;如果刀、叉呈"八"字搭放在餐盘的两边,则表示暂时不需撤盘。

(13)宴会接近尾声时,清点客人所用的食品、饮料,核对其他费用交收款员算出总账。当宴会主办人要求结账或宾客在休息室休息完毕时,及时为客人递上账单,提供结账收款服务。

(14)宴会餐间服务基本结束,主人请宾客到休息室时,服务员应立即上前为其拉椅,再去开休息室的门,引领宾客到休息室就座,并提供相应的斟倒咖啡或酒品服务。如果客人离开餐厅,服务员应站在出口的一侧,热情欢送宾客,并欢迎宾客下次光临。

### (四)餐后收尾

#### 1.及时检查

当宾客离开后,服务员要及时检查宴会厅或休息室有无客人遗留物品,如有及时送还给客人,然后继续检查台面或地毯上有无燃着的烟头。

#### 2.收拾餐桌

按顺序收拾餐桌,并分类收拣餐具、用具,清点其数量。特别是对于银器、金器等高级餐具,更应注意分类收拣存放,以防丢失。然后抹净餐台,打扫地面,将陈设物品归位摆好。

#### 3.征求意见

宴会结束后,服务员应主动征求宾客或陪同人员意见,认真总结接待工作、不断提高服务质量和服务水平。

#### 4. 关门离厅

关掉所有电灯、电器，关好门窗，然后离开宴会厅。

## 任务训练

#### 1. 西餐宴会服务训练

（1）教师讲解示范，学生学习西餐宴会服务的步骤和方法。

（2）练习：学生每8人一组，在实训室或户外的大场地按所学的西餐宴会服务方式进行模拟操作练习。

#### 2. 西餐宴会服务比赛

开展学生西餐宴会服务技能比赛。

## 任务评价

表3-3-4　西餐宴会服务评价表

<table>
<tr><th>内容</th><th>评价项目</th><th>评价标准</th><th>分值（分）</th><th>扣分（分）</th><th>得分（分）</th></tr>
<tr><td rowspan="13">西餐宴会服务</td><td rowspan="2">仪容仪表（10分）</td><td>仪容仪表</td><td>5</td><td></td><td></td></tr>
<tr><td>操作卫生</td><td>5</td><td></td><td></td></tr>
<tr><td rowspan="8">宴会服务（80分）</td><td>准备工作</td><td>10</td><td></td><td></td></tr>
<tr><td>迎接客人</td><td>10</td><td></td><td></td></tr>
<tr><td>斟酒</td><td>10</td><td></td><td></td></tr>
<tr><td>餐间服务</td><td>10</td><td></td><td></td></tr>
<tr><td>清台</td><td>10</td><td></td><td></td></tr>
<tr><td>上甜食</td><td>10</td><td></td><td></td></tr>
<tr><td>上咖啡和茶</td><td>10</td><td></td><td></td></tr>
<tr><td>送客</td><td>10</td><td></td><td></td></tr>
<tr><td>动作（10分）</td><td>操作规范，动作娴熟、优雅</td><td>10</td><td></td><td></td></tr>
<tr><td colspan="2">总分</td><td>100</td><td></td><td></td></tr>
</table>

## 任务思考

比较中餐宴会服务和西餐宴会服务有哪些不同。

## 任务拓展

选择当地的一家度假村餐厅,组织一次西餐宴会服务技能培训。

## 知识链接

### 一、黄金服务七要素

“黄金服务”(Certified Guest Service Professional,简称CGSP),是美国饭店协会教育学院开发的,通过认证的“国际黄金服务专家”,能掌握并能运用超越普通标准的客户服务理念,实现客户对服务的最大满意度,从而实现社会价值与经济价值的最大化,“黄金服务”代表了酒店服务质量的国际化水平。

“黄金服务”的价值是“服务有价、价值黄金”,主要有七个要素:

·真诚:真心实意 Authenticity

·直觉:预见需求 Intuition

·同情:感同身受 Empathy

·冠军:服务英雄 Being a champion

·惊喜:喜出望外 Delight

·实现:持续跟进 Delivery

·主动:竭尽所能 Initiative

## 二、中西餐服务技能差异

表3-3-5　中西餐服务技能差异

| 项目 | 内容 | 中餐服务 | 西餐服务 |
| --- | --- | --- | --- |
| 摆台 | 餐桌 | 多用圆桌，寓和平圆满之意，且以圆桌直径确定客位。 | 常用长方桌；大型拼接桌构图美观，气派非凡。 |
| | 餐具 | 骨碟、筷子、筷架、汤碗、汤勺、味碟、酒具（水杯、葡萄酒杯、白酒杯）以及公用餐具等。 | 餐盘、面包盘、咖啡盘等瓷器和烛台、调味架，还应根据菜单准备大、中鱼刀叉，水果刀，甜点匙，咖啡匙等银餐具，以及各种酒具、酒篮、冰桶、冰夹、冰桶架等，特别注重餐具的洁净度。 |
| | 餐位距离 | 餐位的距离以圆桌为例，规定一客所占用的弧长为50 cm，但不严格，有时可加人。 | 餐位距离严格规定至少60 cm，一旦加人就必须加桌，餐具定位时，服务员的步伐通常都是固定的。 |
| | 餐巾折花 | 常选用以酒杯为底座的杯花。 | 多选用以吐司盘为底座的盘花。 |
| | 托盘的使用 | 所有操作均需用托盘。 | 西餐垫盘不是吃盘，必须在底下垫层布然后徒手送上，其他餐具均需用托盘送上。 |
| | 台面的设计 | 台面有食台、看台、花台之分，设计时往往要兼顾季节、宴会的主题。 | 多重视气氛的渲染，必备烛台、鲜花，为宾客提供愉悦的就餐环境。 |

续表

| 项目 | 内容 | | 中餐服务 | 西餐服务 |
| --- | --- | --- | --- | --- |
| 菜肴服务 | 上菜 | 上菜顺序 | 一般遵循先冷菜后热菜，再汤、点心、甜点，最后水果的原则。 | 从上冰水开始，先上面包、黄油，再上开胃冷盘、汤、鱼、色拉，后上主菜、甜点、奶酪、水果，最后上咖啡。 |
| | | 上菜的操作位置 | 上菜一般从客人的右边进行。 | 根据服务方式的不同而不同，如美式服务就规定从左边上菜肴，从右边上饮料，从客人右边撤走脏盘；法式服务则规定只有面包、黄油、色拉和其他必须放在客人左面的东西，从左边上，其他一律从右边送上。 |
| | | 菜肴的服务顺序 | 上菜从主宾开始绕桌顺时针方向服务。 | 遵循先女士后男士原则，俄式服务派送食物须按逆时针方向进行。 |
| | | 上菜的时机 | 一定要掌握好上菜的时机，否则会出现堆积或空盘空台情况。 | 撤一道上一道。 |
| | | 报菜名 | 菜肴种类丰富，适时地跟客人介绍菜肴的名称、用料、烹调方法、风味特征、吃法以及相关的传闻典故，也是服务员需要掌握的一种服务技能。 | — |
| | | 挪盘 | 及时调整席面上的盘碗位置。 | 分次派送，不挪盘。 |
| | 派菜 | 分菜工具 | 工具一般比较简单，一把刀、一把勺、一副筷子。 | 服务叉一把，服务匙一把，切肉刀、叉各一把，叉匙并用。 |
| | | 分菜方法 | 分菜时应站在副主人的右边。 | 菜一般先由厨师按份切好装在一个专用的派菜盘内，由服务员上台按宾主次序逐个分派。 |
| | 撤盘 | | 多在宾客右边进行。高档的酒席用不同类型的酒，要更换相应的酒杯；凉菜上完后再上热菜。 | 撤盘要分次进行，同时撤刀叉和盘。 |

续表

| 项目 | 内容 | 中餐服务 | 西餐服务 |
| --- | --- | --- | --- |
| 酒水服务 | 酒与菜的搭配（酒品的选择） | 酒水品种一般有葡萄酒、啤酒、黄酒和烈性酒，基本上以中国产为主。酒与菜的搭配根据客人的爱好和季节决定。 | 在西方，吃什么菜喝什么酒有一定讲究，通常在饭前和开胃品同时享用的是鸡尾酒、威士忌、雪莉酒、开胃酒等；和鱼、海鲜及家禽搭配的有白葡萄酒和玫瑰酒；和牛排、烤肉搭配的有红葡萄酒；和甜品搭配的有香槟酒、发泡酒和甜型白葡萄酒；和奶酪搭配的有红葡萄酒；餐后酒有烈性甜酒或白兰地；可和各种菜搭配的只能是香槟酒。 |
| | 酒水的准备（冰镇或温烫） | 烈性酒一般不需事先处理；根据季节，啤酒夏天需冰镇，黄酒冬天需加热。 | 酒水服务不受季节影响，一年四季均需提供冰水，白葡萄酒事先要冰镇，红葡萄酒以室温供应。 |
| | 酒杯的选择（种类不同） | 酒水服务不需专酒专杯，酒杯的处理一般也是常温。 | 酒水用杯非常讲究，要求酒杯的型号（容量大小）与饮料标准一致，对材质和形状要求高。 |
| | 酒瓶存放 | 白酒瓶大都竖立存放。 | 葡萄酒瓶多被平放或倒立放，以使酒液浸润软木塞，防止干缩。 |
| | 斟酒量 | 通常要斟满，在酒席宴会上则以斟七至八分满为佳。 | 多注重品味、欣赏的过程，一般葡萄酒的斟倒量在1/3～2/3。 |
| | 斟酒顺序 | 常从主宾开始绕桌顺时针方向。 | 遵循先女士后男士的原则。 |
| | 斟倒酒水 | 多用托盘。 | 多用酒篮。 |
| 结账 | 结账服务 | 唱收唱付，要求服务员不收客人的小费；客人常要求服务员“埋单”。 | 服务员把账单悄悄地递给客人，或把账单盖着放在托盘里，递给客人。 |

## 任务四
# 鸡尾酒会服务

### 任务目标

1.了解鸡尾酒会的基本含义及服务员分工。

2.熟练掌握鸡尾酒会和冷餐酒会的服务程序与标准。

3.具备独立组织小型酒会及进行人员组织和服务安排的能力。

### 任务描述

叔叔的酒店不断推出有特色的餐饮产品,吸引了大量游客前来体验,产生了鸡尾酒会服务需求。叔叔请小枚对服务员进行鸡尾酒会服务技能培训。她该如何进行培训?

### 任务分析

鸡尾酒会服务是餐饮服务员需要掌握的技能之一。服务内容包括准备工作、迎接客人、鸡尾酒会服务、酒会结束工作等内容。鸡尾酒会是一种简单、灵活的宴请形式。服务中要点菜,服务要关注老年客人,吧台服务要节约。

## 任务实施

阅读学习支持及相关资料，掌握鸡尾酒会和冷餐酒会的服务程序与标准，具备独立组织小型酒会及进行人员组织和服务安排的能力。

表3-4-1 工作表单

| | |
|---|---|
| **任务目标** | 掌握鸡尾酒会和冷餐酒会的服务程序与标准。 |
| **任务地点** | 当地乡村酒店等。 |
| **任务目的** | 通过技能培训，具备独立组织小型酒会及进行人员组织和服务安排的能力。 |
| **任务准备** | 评价表、分析记录本等。 |
| **任务要求** | 学生分组，8人一组进行训练。 |
| **任务考核** | 教师根据《鸡尾酒会服务评价表》进行评分。 |

## 操作流程

表3-4-2 鸡尾酒会服务程序与规范

| 程序 | 规范 |
|---|---|
| 准备工作 | 1. 根据酒会预订要求，在酒会开始前45分钟布置好酒会所需的酒台、小吃台、食品台、酒会餐桌。<br>2. 准备好酒会所需的酒水及配料、辅料。<br>3. 准备好与酒水配套的各式酒具，注意洗净擦干。<br>4. 分配员工的工作。<br>5. 非包价鸡尾酒会，管理人员事先要向服务员讲明收费方式。 |
| 迎接客人 | 1. 酒会开始时，迎宾员应站在门口迎接客人，向客人问好，对客人的光临表示欢迎。<br>2. 用计数器统计客人人数。<br>3. 菜点服务员、酒水服务员在规定的位置站好，迎接客人并问好。 |

续表

| 程序 | 规范 |
| --- | --- |
| 鸡尾酒会服务 | 1.服务员随时、主动地为客人服务酒水。<br>2.服务酒水时,要将酒杯用小口纸垫着递给客人。<br>3.随时清理桌上客人用过的餐具。<br>4.随时添加小口纸、牙签。<br>5.保持食品台的整洁,随时添加盘碟、餐具和食品。<br>6.酒会中要保证客人有充足的饮料和食品。 |
| 酒会结束工作 | 1.酒会结束后,服务员要站好,礼貌地目送客人离开。<br>2.结账。包价鸡尾酒会按事先约定的标准及实际人数计价。非包价鸡尾酒会的收费方式有两种:一是先记账,最后由主办单位(人)一次付清;二是每位客人点一杯后付款,即点即付。<br>3.撤掉所有物品,清理现场,为下一餐做准备。<br>4.管理人员填写酒会服务报告,存档备案。 |

## 学习支持

### 一、鸡尾酒会的含义

鸡尾酒会是一种简单、灵活的宴请形式,通常在下午、晚上举行,以供应各种酒、饮料为主,略备小吃、点心和少量的热菜。

### 二、鸡尾酒会的主题

人们举行鸡尾酒会,大都有明确的主题。例如:家庭酒会、婚礼酒会、乔迁酒会、欢聚酒会、联欢酒会、庆功酒会、庆典酒会、庆祝酒会、国庆酒会、节日酒会、生日酒会、纪念酒会、开业酒会、欢迎酒会、告别酒会、招待酒会及狂欢酒会等。

### 三、鸡尾酒会的类型

鸡尾酒会有两大类型,一种称专门酒会,另一种叫宴前酒会。专门酒会一般单独举行,程序完整,内容丰富,时间较长,比较讲究;宴前酒会主要与正式宴会同时举行,作为宴会前招集客人、等候开宴的序幕。

## 四、鸡尾酒会的特点

鸡尾酒会一般不拘形式，形式比较灵活。酒会可以不需要豪华的设备，可以在任何时间举行。与会者不分高低贵贱，人人平等待遇，气氛热烈而不拘泥，即使时间长些气氛也不沉闷。鸡尾酒会中人们边饮边食，边走边谈，流动性大，接触面广，随意自由。鸡尾酒会集饮、食、乐于一体，是人们相互交往、加深友谊、沟通感情、讨论问题、娱乐放松的一种极好的形式。鸡尾酒会具有迅速、简便、易于实施等特点，不但接待量大，而且相对节省经费，减少浪费。

## 五、鸡尾酒会的场地布置

鸡尾酒会中通常不摆放桌椅，不设置主宾席，也不设餐台，只摆设酒台以及一些小圆桌或茶几，客人在酒会中以站姿进餐。在酒会的场地设计中，舞台、酒吧台、小圆桌是重点。

## 六、鸡尾酒会的酒具选择

饮用鸡尾酒大都选用阔口高脚玻璃杯。高脚杯之所以能成为主要杯具之一，是因为它具有很多优点，既不会使手指为酒液沾污，又可避免手温对酒风格的干扰，而且给人典雅优美的感觉。

## 七、鸡尾酒会的配餐要点

鸡尾酒会上使用的食品（不包括菜肴），主要为中西式各类点心，以及具有明显甜、咸、酸、辣、苦、麻等风味的食品。

## 八、鸡尾酒会的服务规则

鸡尾酒会服务必须遵循的规则：一是斟酒时，先低度酒后高度酒，先软性酒后硬性酒，先普通酒后名贵酒；二是调酒时，多采用糖浆、饴糖，少用糖块，否则难溶解；三是混酒时，用量应准确，流行的配方不要轻易变动；四是酒品和食品数量应充足；五是尽量使用杯垫、杯衬、杯托等酒具，以防沾污；六是端收杯和斟酒时动作要轻快稳准；七是应及时回收空杯、空盘或随时补充酒食；八是酒会一结束应立即清洗酒具、食具，整理现场。

## 任务训练

学生每8人一组，在实训室或户外的大场地按所学的鸡尾酒会服务方式进行模拟操作练习。

## 任务评价

表3-4-3 鸡尾酒会服务评价表

| 内容 | 评价项目 | 评价标准 | 分值（分） | 扣分（分） | 得分（分） |
|---|---|---|---|---|---|
| 鸡尾酒会服务服 | 仪容仪表（10分） | 仪容仪表 | 5 | | |
| | | 操作卫生 | 5 | | |
| | 鸡尾酒会服务（80分） | 准备工作 | 20 | | |
| | | 迎接客人 | 20 | | |
| | | 鸡尾酒会服务 | 25 | | |
| | | 酒会结束工作 | 15 | | |
| | 动作（10分） | 操作规范，动作娴熟、优雅 | 10 | | |
| | 总分 | | 100 | | |

## 任务思考

简述鸡尾酒文化。

## 任务拓展

通过网络查找冷餐酒会服务相关知识。

## 知识链接

### 鸡尾酒美学精神

鸡尾酒是一种由两种及以上原料组成，有无酒精均可，经过搅拌或摇和或兑和调制而成的一种混合饮料。鸡尾酒美学主要包含两个方面。

一是鸡尾酒调制方法与动作之美。调制鸡尾酒主要方法有搅拌法、摇和法、兑和法、搅和法、漂流法等，配制不同的鸡尾酒，方法不同，所用的调酒用具也是不一样的。这些调制方法既体现了调酒师调酒技艺的高超，具有很强的观赏性和艺术性，同时又保证了酒水的恰当融合，一般都有程序性的要求。比如单手摇壶时，加冰并依次倒入原料后，食指按住壶盖，其余4指指尖捏住壶身，手心远离壶身，手腕左右快速旋转，可在胸前画“8”字或圆圈。身体站正，两脚微分，腰直肩正，另一只手背在后，面带微笑。摇和时间约8秒，如配方中有蛋清或整个生鸡蛋时，可摇30秒。动作快速流畅，大方均匀。

二是鸡尾酒体现创新与想象之美。鸡尾酒本身就是混合饮料的代表，体现了对经典的融合创新。鸡尾酒的色泽、口味、造型、寓意等总能激起人们丰富的想象，带给人们美的体验。

### 习近平给河北保定学院西部支教毕业生群体代表回信 勉励青年人到基层和人民中去建功立业 在实现中国梦的伟大实践中书写别样精彩的人生（节选）

在五四青年节即将到来之际，中共中央总书记、国家主席、中央军委主席习近平给河北保定学院西部支教毕业生群体代表回信，向青年朋友致以节日的问候，勉励青年人到基层和人民中去建功立业，在实现中国梦的伟大实践中书写别样精彩的人生。

习近平强调，同人民一道拼搏、同祖国一道前进，服务人民、奉献祖国，是当代中国青年的正确方向。好儿女志在四方，有志者奋斗无悔。希望越来越多的青年人以你们为榜样，到基层和人民中去建功立业，让青春之花绽放在祖国最需要的地方，在实现中国梦的伟大实践中书写别样精彩的人生。

（资源节选：习近平给河北保定学院西部支教毕业生群体代表回信[EB/OL].(2025-04-17)[2014-05-03].https://www.gov.cn/xinwen/2014-05/03/content_2670639.htm.）

## 项目小结

餐饮服务内容包括零点服务、中餐宴会服务、西餐宴会服务、鸡尾酒会服务，需了解零点服务、中餐宴会服务、西餐宴会服务、鸡尾酒会服务的基础知识，熟练掌握零点服务、中餐宴会服务、西餐宴会服务、鸡尾酒会服务的程序与标准。学习重点是零点服务、中餐宴会服务、西餐宴会服务技能，难点是中餐宴会服务技能、西餐宴会服务的标准。

零点服务是餐饮服务中最普遍、最常见的一种服务，重点把握预订、结账和送客等重点环节；中餐宴会服务包括准备工作、迎宾服务、就餐服务（上菜服务、分菜服务）等；西餐宴会服务具体包括准备工作、迎接客人、斟酒、餐间服务、清台、上甜食、上咖啡和茶、送客等环节；鸡尾酒会服务包括准备工作、迎接客人、鸡尾酒会服务、酒会结束工作等内容。

## 思考与练习

选择当地的一家农家乐、乡村酒店或度假村，设计一个中餐主题宴会，内容涵盖台面创意设计、菜单设计、仪容仪表展示、中餐宴会摆台、餐巾折花、席间服务等内容。

## 推荐阅读

[1]安妮娅·弗尔斯特尔，彼得·克罗依茨.创新制胜[M].刘学慧，译.北京：东方出版社，2007.

[2]黄蔚.服务设计：用极致体验赢得用户追随[M].北京：机械工业出版社，2020.

# 项目四

# 乡村旅游美食创新

## 学习目标

1. 了解并掌握乡村旅游美食创新技法。

2. 了解并掌握乡村旅游美食菜品创新和宴席设计流程。

3. 具备乡村旅游美食创新能力。

4. 理解饮食的文化价值，在乡村旅游美食创新实践中坚守中华文化立场，传承中华文化基因，铸牢中华民族共同体意识。

## 学习重难点

重点：乡村旅游美食创新技法；乡村饮食文化资源调查。

难点：乡村旅游美食菜品创新和宴席设计。

## 知识结构图

- 乡村旅游美食创新
  - 乡村旅游美食创新技法
    - 菜品基本技法
    - 菜品命名法
    - 菜品创新法
    - 菜品审美法
  - 乡村旅游美食创新实践
    - 饮食文化资源调查
    - 菜品创新
    - 宴席设计

## 任务一

# 乡村旅游美食创新技法

乡村旅游美食创新技法

### 任务目标

1. 了解并掌握菜品制作基本技法、菜品命名法和菜品创新法。

2. 掌握菜品审美法。

3. 具备乡村旅游美食创新和审美能力。

### 任务描述

通过小枚组织的餐饮服务基本技能培训，叔叔酒店的餐饮服务质量和水平大大提高，得到了游客的一致好评。但酒店的菜品类型还不够丰富，美食创新不够。叔叔邀请小枚运用所学习的饮食文化知识和餐饮服务技能，对酒店厨师进行菜品创新技法培训。小枚该从哪些方面进行培训？

### 任务分析

乡村旅游美食创新能力是餐饮厨师所需的一项重要技能，乡村旅游美食创新是乡村旅游餐饮生命力所在。学习乡村旅游美食菜品制作基本技法和菜品命名法，运用菜品创新法对乡村酒店菜品进行创新，并按照菜品审美法进行品鉴。重点是乡村旅游美食创新技法，难点是菜品审美法。

## 任务实施

阅读学习支持及相关资料，了解并掌握菜品制作基本技法、菜品命名法和菜品创新法，具备乡村旅游美食创新和审美能力。

表 4-1-1　工作表单

| | |
|---|---|
| **任务目标** | 掌握乡村旅游美食制作基本技法、菜品命名法、菜品创新法和菜品审美法。 |
| **任务地点** | 当地乡村酒店等。 |
| **任务目的** | 通过任务训练，具备乡村旅游美食创新和审美能力。 |
| **任务准备** | 评价表、分析记录本等。 |
| **任务要求** | 学生分组，8 人一组进行训练。 |
| **任务考核** | 教师根据《乡村旅游美食创新评价表》进行评分。 |

## 操作流程

表 4-1-2　乡村旅游美食制作、命名、创新与审美方法

| 内容 | 方法 |
|---|---|
| 菜品制作基本技法训练 | 运用中餐、西餐、面点制作的基本技法，制作菜品。 |
| 菜品命名训练 | 运用质朴式、隐喻式对菜品进行命名。 |
| 菜品创新训练 | 运用菜品创新“十一法”对已有菜品进行升级创新。 |
| 菜品审美训练 | 运用菜品审美法对菜品进行品鉴。 |

## 学习支持

表 4-1-3　乡村旅游美食制作、命名、创新与审美方法

| 技能方法 | | 具体内容 |
|---|---|---|
| 菜品制作基本技法 | 1. 中餐技法 | 刀工（平刀法、直刀法、斜刀法、剞、砍等刀法）、翻锅（小翻锅、大翻锅、后翻锅、左翻锅、右翻锅）、原料初加工（蔬菜、水产品、家禽、家畜）、调味（单一味和复合味）、烹调方法（以水、油、气体、固体为主要传热介质，以及以非加热为主的烹调方法）、火候掌握。 |
| | 2. 西餐技法 | 煎、炒、煮、烩、焗、烤、蒸等。炸（炸薯丝）、煎（煎太阳蛋）、炒（西式炒蛋）、煮（水波蛋）、蒸（蒸土豆）、烩（白汁烩鸡）、焖（法式红酒焖鸡）、烤（烤薯角）、焗（焗西蓝花）、扒（扒云南小瓜）、串烧（海鲜串）。 |
| | 3. 面点技法 | 和面（抄拌法、调和法、搅和法）、揉面（揉、捣、揣、摔、擦、叠）、饧面、搓条、下剂（摘剂、挖剂、拉剂、切剂、剁剂）、制皮（擀皮、捏皮、摊皮、压皮、按皮）、上馅（包上法、拢上法、夹上法、卷上法和滚沾法）。 |
| 菜品命名法 | 1. 质朴式 | 见名知菜、不修饰、质朴无华。具体命名方法有主料+调味料、主料+烹调法、主辅料相加、主料+烹调法+调味料、主料+人名/地名、主料+色香味形、主料+烹调法+辅料、主料+烹制器具。<br>(1)色彩：以料之色或菜熟后之色命名，如翡翠虾仁，豌豆之绿碧绿清新。<br>(2)花卉：将花卉与菜肴巧妙结合，如兰花肚条（以花入馔）、桂花干贝（菜中无花，成菜如花）。<br>(3)形：以成菜之形定名，形态逼真，诗情画意，如蝴蝶海参。<br>(4)味型：如姜汁鳜鱼。<br>(5)调味品：在主料前加调味品名称，如麻辣鸭掌。<br>(6)原料与烹调：将原料与烹调方法结合，如芹菜炒牛肉丝、海参炖鸡。<br>(7)以中药入馔：如当归炖羊肉。<br>(8)象形：借鉴古代造字法命名，如神仙鸭子、芙蓉鸡片、灯影牛肉。 |

续表

| 技能方法 | | 具体内容 |
|---|---|---|
| 菜品命名法 | 2.隐喻式 | 根据宴会主题，依托菜肴、点心某些方面的特征，借用谐音、比喻、夸张、借代、附会、寓意等文学修辞手法，为菜肴、点心构拟与宴会主题相符合的名称。<br>(1)比喻：游龙戏凤，即鱿鱼炒鸡片，把鱿鱼比作游龙，把鸡比作凤。<br>(2)谐音：黄山一绝，即一道以黄山蕨菜为原料的菜。“蕨”与“绝”谐音。<br>(3)引用：走在乡间的小路上，即香菜拌卤猪蹄，引用卓依婷的一首歌曲名称。<br>(4)据典：秦桧，即一盘臭豆腐。秦桧，南宋奸臣，取其遗臭万年之意。<br>(5)拟人：银芽盖被，在掐头去尾的黄豆芽上盖了一层摊鸡蛋，鸡蛋如“被子”。<br>(6)对比：雪山飞狐，即白色炸虾片，上面放炸过后的红色小蝎子，红色与白色的对比。<br>(7)拙巧相济：拙为质朴、巧为隐喻，两者结合，拙巧相济，别具一格。如红粉俏佳人。 |
| 菜品创新法(十一法) | 1.挖掘法 | 挖掘历史菜点并改良，如制作“仿古菜”。 |
| | 2.借鉴法 | 西法中用，如引进西方烹饪原料、基本技法、调料。 |
| | 3.采集法 | 采集乡土菜技法，如清代著名诗人袁枚，儿时在乡间听兄长讲过“煨笋”之法，他将其改进，化腐朽为神奇。 |
| | 4.翻新法 | 菜肴改造翻新，如乡民用自己种植的红苕和自制豆豉炒回锅肉。 |
| | 5.立异法 | 标新立异，如将鱼装船、虾装篓、果装篮等，使菜品更具有文化品位。 |
| | 6.移植法 | 移植美馔佳肴，如将“扬州清炖狮子头”移植到川菜，烹饪方法由原来的炖法改为炸或煎，再采用红烧或烧蒸而成。 |
| | 7.变料法 | 变料的方法，如川菜“仔鸡豆花”，虽是用鸡脯、鸡蛋清等原料制作，但成菜在碗中似用大豆做的豆花的样子。 |
| | 8.变味法 | 烹饪方法改变风味，如川菜新创的蛋黄油、糍粑椒、大蒜油等，再经烹调复合成新颖独特的时尚味型。 |
| | 9.摹状法 | 模仿，赋予菜品造型，如利用食材的颜色和形状，通过堆叠、雕刻和摆放等手法，模拟出山水画的意境。 |
| | 10.寓意法 | 运用文学、艺术创作的方法，如创制的菜，盘中有画、画中有诗、诗中有情。 |
| | 11.偶然法 | 偶然所得，如芙蓉豆腐汤，据传是在清代嘉庆时期，成都某大厨在情急之下所创制的。 |

续表

| 技能方法 | | 具体内容 |
| --- | --- | --- |
| 菜品审美法("十美") | 1. 质美 | 质是指原料和成品的品质和营养,是美食的基础和灵魂。菜肴的质感分别有酥、脆、韧、嫩等。 |
| | 2. 香美 | 香是引发情绪、刺激食欲的气味,是食物美的重要标志,是鉴定品质、预测美味的关键,是评价烹调技艺的重要感观指标。 |
| | 3. 色美 | 色美是色彩的艺术美,菜肴的颜色一般由各种原料的自然本色相互搭配形成。菜肴颜色以自然清新、色彩鲜明、搭配和谐为佳。 |
| | 4. 形美 | 形美是建筑美,是体现美食视觉效果,服务于食用目的的富于艺术性和美感的造型,是原料美的基础之上自然形态美和意境美的结合。 |
| | 5. 器美 | 器美是器的设计美。将器的设计与菜名的文学意境结合,提升食美的境界。"美食还宜美器""美食不如美器"。 |
| | 6. 味美 | 味是饱口福、振食欲的滋味。味美强调原料的自然本味之美和五味调和的复合美味。 |
| | 7. 适美 | 适美是舒适的口感,是舌齿触感的惬意效果。味主要表现在滑、脆、温度等方面。 |
| | 8. 序美 | 序是一台席面或整个宴席肴馔在原料、温度、色泽、味型、浓淡等方面的合理搭配,上菜顺序、宴饮设计和饮食过程的和谐与节奏化程序。 |
| | 9. 境美 | 境美是优雅、和谐又陶情怡性的宴饮环境。 |
| | 10. 趣美 | 趣美是愉快的情趣和高雅的格调。用餐时可有吟唱、歌舞、雅谈、书画等活动伴随,体现宴席的视听(音乐、舞蹈)美。 |

## 任务训练

选择当地的一家农家乐、乡村酒店或度假村餐厅,开展菜单调查,选择菜单上中餐、西餐和面点各一种典型菜品,分析所选菜品制作的基本技法,运用菜品创新法对菜品进行创新,并应用命名方法重新对其命名,最后进行品鉴。

表 4-1-4　乡村旅游美食创新技法训练表

| 原菜品名 | | 制作基本技法 | 菜品创新 | 重新命名 | 美食品鉴 |
|---|---|---|---|---|---|
| 中餐菜品 | | | | | |
| 西餐菜品 | | | | | |
| 面点 | | | | | |

## 任务评价

表 4-1-5　乡村旅游美食创新评价表

| 内容 | 评价项目 | 评价标准 | 分值(分) | 扣分(分) | 得分(分) |
|---|---|---|---|---|---|
| 乡村旅游美食创新 | 创新技法 | 菜品制作基本技法训练 | 30 | | |
| | | 菜品命名训练 | 20 | | |
| | | 菜品创新训练 | 30 | | |
| | | 菜品审美训练 | 20 | | |
| | 总分 | | 100 | | |

## 任务思考

运用菜品审美“十美”法对菜品进行品鉴。

## 任务拓展

选择家乡一家农家乐的一道典型代表菜品，尝试运用菜品创新法对其进行创新。

## 知识链接

凡味之本，水最为始。五味三材，九沸九变，火之为纪。时疾时徐，灭腥去臊除膻，必以其胜，无失其理。调之事，必以甘、酸、苦、辛、咸。先后多少，其齐甚微，皆有自起。鼎中之变，精妙微纤，口弗能言，志弗能喻。若射御之微，阴阳之化，四时之数。故久而不弊，熟而不烂，甘而不哝，酸而不酷，咸而不减，辛而不烈，淡而不薄，肥而不腻。

——《吕氏春秋·本味》

译文：味道的根本在于水。酸、甜、苦、辣、咸五味和水、木、火三材都决定了味道，味道烧煮九次变九次，火很关键。一会儿火大，一会儿火小，通过疾徐不同的火势可以灭腥去臊除膻，只有这样才能做好，不失去食物的品质。调和味道离不开甘、酸、苦、辛、咸。用多用少、先用后用，变化虽然甚微，但都是从这里开始的。至于说锅中的变化，那就非常精妙细微，不是三言两语能表达明白的。若要准确地把握食物精微的变化，还要考虑阴阳的转化和四季的影响。所以久放而不腐败，煮熟了又不过烂，甘而不过于甜，酸又不太酸，咸又不咸得发苦，辣又不辣得浓烈，淡却不寡薄，肥又不太腻，这样才算达到了美味啊！

## 任务二
# 乡村旅游美食创新实践

乡村旅游美食创新实践

### 任务目标

1. 掌握乡村旅游美食创新实践流程。

2. 具备饮食文化资源调查能力和美食创新实践能力。

### 任务描述

叔叔请小枚组织厨师深入家乡开展一次乡村旅游美食创新实践训练。小枚该从哪些方面进行?

### 任务分析

乡村旅游美食创新能力是乡村餐饮服务员所需掌握的一项重要技能,乡村旅游美食创新是乡村旅游餐饮生命力所在。乡村旅游美食创新是在饮食文化资源调查的基础上进行菜品创新和宴席设计。重点是饮食文化资源调查,难点是菜品和宴席创新。

### 任务实施

阅读学习支持及相关资料,掌握乡村旅游美食创新路径和基本方法,通过任务训练,参考典型案例,具备饮食文化资源调查能力和美食创新实践能力。

表 4-2-1 工作表单

| | |
|---|---|
| 任务目标 | 熟练掌握乡村旅游美食创新路径和基本方法。 |
| 任务地点 | 当地乡村酒店等。 |
| 任务目的 | 通过任务训练,具备饮食文化资源调查能力和美食创新实践能力。 |
| 任务准备 | 评价表、分析记录本等。 |
| 任务要求 | 学生分组,8人一组进行训练。 |
| 任务考核 | 教师根据《乡村旅游美食创新实践评价表》进行评分。 |

## 操作流程

表 4-2-2 乡村旅游美食创新方法

| 内容 | | 规范 |
|---|---|---|
| 乡村旅游美创新实践 | 1.饮食文化资源调查 | (1)饮食文化资源调查。<br>①食材资源。<br>②特色茶酒及调味品资源。<br>③菜肴、小吃及特色宴席资源。<br>④饮食习俗资源。<br>⑤饮食器具资源。<br>(2)饮食类非物质文化遗产。<br>①饮食类各级非物质文化遗产。<br>②饮食代表。 |
| | 2.菜品创新 | (1)菜品创新。<br>(2)宴席设计。<br>①主题简介。<br>②设计理念。<br>③菜单设计。<br>④推广价值。<br>⑤菜品技法创新。<br>⑥风味特色及营养搭配。<br>⑦宴席解说。 |

## 学习支持

### 一、乡村饮食文化资源调查

首先开展乡村饮食文化资源调查，整理出饮食类各级非物质文化遗产和典型代表。

### 二、进行乡村旅游美食创新

根据市场需求，借助文化资源，在坚持饮食原真性的前提下，运用新技术、新材料、新创意，设计开发出味美、境美、意美的新菜品。通过创新菜品实现传统饮食基因与现代美学诉求的有机耦合，让千年饮食智慧在当代生活中绽放新韵。

## 任务训练

1.饮食文化资源调查活动

在当地乡村开展饮食文化资源调查，填写乡村饮食文化资源调查表。

表 4-2-3　乡村饮食文化资源调查表

| 项目 | 具体内容 |
| --- | --- |
| 饮食环境 | |
| 食材种类 | |
| 特色饮食 | |
| 特色宴席 | |
| 饮食习俗 | |
| 饮食器具 | |
| 特色茶 | |
| 特色酒 | |
| 饮食类非物质文化遗产 | |

### 2. 菜品创新活动

在调查当地乡村饮食文化资源的基础上，根据市场需求，结合当地历史文化资源，运用前文所述的菜品创新法进行菜品创新活动。

表 4-2-4　菜品创新设计表

| 菜品名称 | 创新前状态 | 创新方法 | 创新前原值 | 创新菜品名称 | 创新增值(元) |
|---|---|---|---|---|---|
| | | | | | |
| | | | | | |
| | | | | | |
| | | | | | |

### 3. 宴席设计活动

在乡村饮食文化资源调查和菜品创新的基础上，设计一个主题宴席。

### 4. 实践案例

## 武隆区仙女山农家乐美食创新实践

一、武隆区仙女山饮食文化资源调查

仙女山位于重庆市武隆区境乌江北岸，地属武陵山脉，是国家AAAAA级风景区、国家森林公园、重庆十佳旅游景点。仙女山街道（全国首批乡村旅游重点乡）的荆竹村入选2022年联合国世界旅游组织“最佳旅游乡村”。目前武隆区仙女山农家乐数量颇多，选择深入武隆区仙女山农家乐开展乡村旅游美食创新。

（一）饮食文化资源调查

参照《旅游资源分类、调查与评价》（GB/T 18972—2017）的规定，结合乡村饮食文化资源的特征与属性，通过文献资料收集与实地调研，对仙女山农家乐及周边的饮食环境、食材种类、特色饮食、特色宴席、饮食风俗、饮食器具、特色茶、特色酒资源进行科学分类与系统分析，详见表4-2-5。

表4-2-5 食材资源

| 资源类型 | 分类 | 内容 |
| --- | --- | --- |
| 食材资源（GAA种植业产品及制品、GAC畜牧业产品与制品、GAD水产品及制品、GAE养殖业产品与制品） | 蔬果类 | 武隆高山马铃薯、武隆高山甘蓝、武隆高山辣椒、武隆猪腰枣、武隆高山萝卜、武隆高山白菜、玉米、红薯、藠头、鱼腥草、油菜苗、薇菜、紫背天葵、阿依香椿芽、马齿苋、荠菜、雷公根、苋菜、珍珠菜、地木耳、红薯叶、洋合笋、马兰头、蒌蒿、宽叶韭、覆盆子、八月瓜、拐枣、木姜子、猪毛菜、诸葛菜、羊肚菌、九月香、松口蘑、竹荪、牛肝菌、鸡油菌、糙皮侧耳、香菇、木耳、谷熟菌、刷把菌、羊角梨、沧沟西瓜、仙女山大脚菌。 |
| | 畜禽类 | 武隆板角山羊、武隆黑山羊、武隆黄牛、武隆黑猪、土鸡、长毛兔。 |
| | 水产品 | 武隆江口鱼、武隆芙蓉江野鱼、石桥湖鱼、碎磷鱼、江团、鲤鱼、白鳞鱼、黄辣丁、鳜鱼、青波鱼、翘壳鱼、江鲫、岩鲤、白甲鱼。 |
| | 再加工制品 | 武隆土坎苕粉、武隆鸭江老咸菜、武隆菜蓝群老咸菜、泡菜、腌菜、大头萝卜、咸萝卜菜、糟辣子、萝卜干、烧辣子、泡辣子、酸辣子、剁辣子、油炒辣子、酱辣子、腌鱼、酸腌肉、酸青菜、酸汤、醋萝卜、玛瑙腊肉、土家腊肉、土家绿豆粉、豆腐乳、茶油、文复荞麦食品。 |

表4-2-6 特色茶酒及调味品资源

| 资源类型 | 分类 | 内容 |
| --- | --- | --- |
| 茶酒、调味品资源(GAA种植业产品及制品) | 酒品 | 武隆土地小灶酒、武隆杨梅酒、武隆苗家情米酒、咂酒、苦荞酒、配制酒、竹筒酒。 |
| | 茶品 | 武隆仙女红高山红茶、白马山天尺茶(天尺碧芽茶)、老鹰茶、金银花茶、打油茶、苦荞茶、虫茶、万花茶。 |
| | 调味品 | 羊角老醋、辣椒。 |

表 4-2-7 菜肴、小吃及特色宴席资源

| 资源类型 | 分类 | 内容 |
| --- | --- | --- |
| 菜肴、小吃资源（GAA 种植业产品及制品、GAC 畜牧业产品与制品、GAE 养殖业产品与制品） | 特色饮食 | 武隆羊肉、火炉药膳羊肉、白马蜂蜜、米豆腐、白云老腊肉、后坪木姜子油、桐梓牛肉、卤鸡翅、山椒凤翅、烧烤豆干、油酥香辣牛肉、山椒泡竹笋、武隆牛蹄花、蕨根晶、羊角豆干、社饭、合渣、油茶汤、年肉、土家烧饼、彭水米粉、三香·润溪青杠旋、彭水都卷子、油粑粑、炕洋芋、蕨粑、阴米茶、斑鸠豆腐、酸酢肉、烟熏牛肉、蓑衣饭、酸水洋芋丝、豆腐果、灰豆腐、蒿子粑粑、糯米糍粑、鼎罐饭、团撒、血肠粑、土家腊排煨锅、牛杂煨锅、酸汤锅。 |
| 特色宴席资源（GAA 种植业产品及制品、GAC 畜牧业产品与制品、GAE 养殖业产品与制品） | 宴席资源 | 武隆全羊宴、十碗八扣宴、三蒸九扣、吃刨汤、九斗碗、土家族牛头宴。 |

表 4-2-8 饮食习俗资源

| 资源类型 | 分类 | 内容 |
| --- | --- | --- |
| 饮食习俗资源（FBB 地方习俗、HBA 宗教活动与庙会、HBB 农时节日、HBC 现代节庆） | 日常食俗 | 土家族待客礼仪、苗族酸食文化、苗家三色饭。 |
| | 年节食俗 | 春节（打年货、吃团年饭、打粑粑、打扬尘、摸锅底、点锅灯、杀年猪、祭祖、打豆腐）；过赶年、苗年节、元宵节、社日、踩鼓节、牛王节、端午节、六月六、吃新节、姊妹节、中秋节。 |
| | 人生礼仪食俗 | 诞生礼食俗（孕期、出生、洗三、取名、满月）；土家族婚嫁食俗（提亲、订婚、拜年、备妆、开脸、哭嫁、花圆酒、迎亲、拜堂、入洞房和闹洞房、出拜、圈圈席、回门、谢媒）；苗族婚嫁食俗（提亲、定亲、催婚、交礼、接亲、送亲、入门、拜堂、回门）；寿宴；葬礼食俗。 |
| | 宗教信仰食俗 | 自然崇拜遗风、祭祀祖先。 |

表4-2-9　饮食器具资源

| 资源类型 | 分类 | 内容 |
|---|---|---|
| 器具资源（GCD陶器，GCE金石雕刻、雕塑制品，GCF金石器） | 加工器 | 扡斗、风车、木榨、舂碓、水碓、石磨、水磨、摇架、擂钵、水碾、筛子、刀、连盖。 |
| | 炊食器 | 鼎罐、火塘、梭筒、锅、灶、锅铲、锅盖、砧板、木甑、蒸笼、火钳、吹火筒。 |
| | 盛食器 | 瓢、碗、木盆、水缸、木桶、木缸、木柜、木桌、竹箩筐、竹簸箕、竹筲箕、壶、罐、钵、油罐、袋子、盐罐、盘。 |
| | 进食器 | 筷子、勺子。 |
| | 酒器 | 酒壶、酒缸、酒坛、舀酒器、酒碗、酒杯、牛角杯。 |
| | 茶器 | 土茶罐、茶壶、茶盅、茶碗、茶杯、茶托。 |

（二）饮食类非物质文化遗产

1.饮食类各级非物质文化遗产

根据资源梳理，武隆区饮食类非遗如表4-2-10、表4-2-11。

表4-2-10　武隆区市级饮食类非遗名单（部分）

| 遗产名称 | 所属地区 | 申报日期 |
|---|---|---|
| 羊角豆腐干传统制作技艺 | 武隆县 | 2011年 |
| 羊角老醋传统制作技艺 | 武隆县 | 2014年 |
| 鸭江老咸菜传统制作技艺 | 武隆县 | 2016年 |
| 火炉药膳羊肉传统制作技艺 | 武隆县 | 2016年 |
| 白马天然蜂蜜传统酿制技艺 | 武隆县 | 2016年 |
| 武隆碗碗羊肉 | 武隆区 | 2019年 |
| 土坎苕粉传统制作技艺 | 武隆区 | 2019年 |
| 武隆老鹰茶传统制作技艺 | 武隆区 | 2019年 |
| 武隆白酒传统酿造技艺（赵家花酒传统酿造技艺、武隆洞藏酒传统酿造技艺） | 武隆区 | 2019年 |

表4-2-11　武隆区区(县)级饮食非遗名单(部分)

| 遗产名称 | 所属地区 | 申报日期 |
| --- | --- | --- |
| 羊角豆干传统制作技艺 | 武隆县羊角镇 | 2010年 |
| 羊角老醋传统制作技艺 | 武隆县羊角镇 | 2013年 |
| 仙女山羊肉传统烹饪技艺 | 武隆县仙女山镇 | 2015年 |
| 鸭江老咸菜传统制作技艺 | 武隆县鸭江镇 | 2015年 |
| 土地斑鸠蛋豆腐传统制作技艺 | 武隆县土地乡 | 2015年 |
| 土地小灶酒传统酿造技艺 | 武隆县土地乡 | 2015年 |
| 土地蕨巴传统制作技艺 | 武隆县土地乡 | 2015年 |
| 白马天然蜂蜜传统酿制技艺 | 武隆县白马镇 | 2015年 |
| 后坪木姜子油传统制作技艺 | 武隆县后坪乡 | 2015年 |
| 土坎苕粉传统制作技艺 | 武隆县土坎镇 | 2015年 |
| 桐梓牛肉传统烹饪技艺 | 武隆县桐梓镇 | 2015年 |
| 文复荞麦食品传统制作技艺 | 武隆县文复乡 | 2015年 |
| 火炉药膳羊肉传统制作技艺 | 武隆县火炉镇 | 2015年 |
| 白云老腊肉传统制作技艺 | 武隆县白云乡 | 2015年 |
| 浩口仡佬族油茶传统制作技艺 | 武隆县浩口乡 | 2015年 |
| 浩口杨梅酒传统制作技艺 | 武隆县浩口乡 | 2015年 |
| 浩口仡佬族老鹰茶传统制作技艺 | 武隆县浩口乡 | 2015年 |
| 赵家花酒传统酿造技艺 | 武隆县赵家乡 | 2015年 |
| 石桥打啼咵(糍粑)传统制作技艺 | 武隆县石桥乡 | 2015年 |
| 石桥搬仰(河水豆花) | 武隆县石桥乡 | 2015年 |
| 火炉麦酱传统制作技艺 | 武隆县火炉镇 | 2015年 |
| 火炉米酒传统酿造技艺 | 武隆县火炉镇 | 2015年 |

续表

| 遗产名称 | 所属地区 | 申报日期 |
| --- | --- | --- |
| 平桥糍粑传统制作技艺 | 武隆县平桥镇 | 2015年 |
| 江口犀牛洞洞藏酒传统酿造技艺 | 武隆县江口镇 | 2015年 |
| 广阳青岗籽粉传统制作技艺 | 武隆区凤山街道 | 2018年 |
| 白马天尺手工茶传统制作技艺 | 武隆区白马镇 | 2018年 |
| 江口猪血粑传统制作技艺 | 武隆区江口镇 | 2018年 |
| 江口三河口花酒传统酿造技艺 | 武隆区江口镇 | 2018年 |
| 江口锅巴鱼传统烹制技艺 | 武隆区江口镇 | 2018年 |
| 长坝酸醡鱼传统制作技艺 | 武隆区长坝镇 | 2018年 |
| 长坝麦酱传统制作技艺 | 武隆区长坝镇 | 2018年 |
| 土坎糍粑传统制作技艺 | 武隆区土坎镇 | 2018年 |
| 茅草坪辣椒酱传统制作技艺 | 武隆区和顺镇 | 2018年 |
| 凤来手工苕粉传统制作技艺 | 武隆区凤来乡 | 2018年 |
| 凤来酱豆传统制作技艺 | 武隆区凤来乡 | 2018年 |
| 凤来灰粑传统制作技艺 | 武隆区凤来乡 | 2018年 |
| 庙垭古法榨油技艺 | 武隆区庙垭乡 | 2018年 |
| 石桥贾角土酒传统酿制技艺 | 武隆区石桥乡 | 2018年 |
| 文复甜柿酒传统制作技艺 | 武隆区文复乡 | 2018年 |
| 后坪手工茶传统制作技艺 | 武隆区后坪乡 | 2018年 |
| 沧沟酥食麻饼传统制作技艺 | 武隆区沧沟乡 | 2018年 |
| 大洞河药蜂蜜传统酿造技艺 | 武隆区大洞河乡 | 2018年 |
| 大洞河天麻药膳鸡传统烹制技艺 | 武隆区大洞河乡 | 2018年 |
| 鸭江蔡龙湾蜂蜜传统酿造技艺 | 武隆区鸭江镇 | 2018年 |

续表

| 遗产名称 | 所属地区 | 申报日期 |
|---|---|---|
| 鸭江冰粉传统制作技艺 | 武隆区鸭江镇 | 2018年 |
| 黄莺灰豆腐传统制作技艺 | 武隆区黄莺乡 | 2018年 |
| 黄莺油醪糟传统制作技艺 | 武隆区黄莺乡 | 2018年 |
| 羊角猪油醪糟传统制作技艺 | 武隆区羊角镇 | 2018年 |
| 武隆铁锅羊肉传统烹制技艺 | 武隆区 | 2018年 |
| 武隆霉豆腐传统制作技艺 | 武隆区 | 2018年 |
| 武隆碗碗羊肉 | 武隆区 | 2018年 |
| 武隆米豆腐传统制作技艺 | 武隆区 | 2018年 |
| 武隆魔芋传统制作技艺 | 武隆区 | 2018年 |
| 武隆老鹰茶传统制作技艺 | 武隆区 | 2018年 |
| 黄氏洞藏酒传统酿造技艺 | 重庆山虎关农业发展有限公司 | 2022年 |
| 桐梓山黄氏手工茶制作技艺 | 重庆茶游农业开发有限公司 | 2022年 |
| 王氏烟熏豆腐干传统制作技艺 | 重庆市武隆区汉唐古道农产品加工有限公司 | 2022年 |
| 后坪米酒酿造技艺 | 后坪乡 | 2022年 |
| 乌江纤夫饼制作技艺 | 重庆刘黄食品有限公司 | 2022年 |
| 土坎荞面汤圆豆花制作技艺 | 羊角街道 | 2022年 |
| “黄氏辣姐”水果剁椒制作技艺 | 重庆辣姐食品有限公司 | 2022年 |

2.武隆区饮食代表

(1)白云老腊肉。腊肉是西南乡村比较常见的一种腌制食品。武隆白云乡腊肉是村民们日常喜食的食品之一,也是他们保存肉类的好方法。村民们往往在年前宰杀1~2头大肥猪,将切下来的肉用盐腌制六七天后,点燃柏树枝进行烟熏,将肉熏至黑色,现在多熏成黄色即可。然后将熏好的肉悬挂在灶屋房梁上通风,挂上几年都不会坏掉,随时可以取下食用,味道鲜美,可口而不油腻,瘦不塞牙,不仅风味独特,而且具有开胃、去寒、消食等功能。

(2)土地斑鸠蛋豆腐。土地斑鸠蛋豆腐又称"神豆腐""观音豆腐",是当地极具特色的一种食品,有悠久的历史,据说在清代咸丰年间就已存在。制作方法:首先采摘树叶,随后洗净,放在盆中用手揉成糊浆,用筲箕过滤水分,然后点入适量澄清了的草木灰水搅匀。几分钟后一盆颤摇摇、绿油油幽的"豆腐"便神奇般地成了。而后,用菜刀横竖划成方块,浸入挑来的冰凉山泉水里,拌上蒜泥、辣椒和其他佐料,就可以吃了。

(3)土地蕨巴。土地蕨巴又称"都粑"。都粑粉,即蕨根粉或蕨粉,是用传统工艺提取蕨菜根茎中的淀粉制作而成。后坪苗族土家族乡的都粑粉取材天然、营养丰富,深受当地群众及外来宾客的喜爱。都粑粉的制作程序,一般是先采集蕨根,洗净榨汁,过滤,然后沉淀成粉(与土豆粉类似),经过太阳暴晒,形成白色的粉状物。待食用时,再用水将粉调匀,根据需要可稀可稠。都粑粉是利用纯天然生长的蕨根制成的,没有受任何污染,是一种绿色食品。

(4)糍粑。糍粑是将糯米蒸熟后捣烂所制成的一种食品。糍粑的制作过程较为简单。首先,用水把糯米泡胀,一般浸泡一天以上,滤干水,放到木甑里蒸熟。然后,将煮熟的糯米饭倒入石臼,不断敲打,直至成胶状。接下来,准备一个干净的器皿,器皿上一般要先撒些干燥的糯米粉,以免舂烂的糯米饭粘到器皿上。接着,将舂烂的糯米置于事先准备好的干净器皿上反复揉搓,做成具有很强黏性的米团。最后,根据食用习惯和需要,将糯米团分割成若干块,或团成球状,或捏成圆饼,或捏成长条状,随后放入油锅煎炸3~5分钟,捞起后撒上盐或白糖,即可食用。

(5)豆花。豆花全名豆腐花,是黄豆浆凝固后形成的一种食品。后坪苗族土家族乡的许多家庭经常将豆花作为招待客人的美味食品。豆花基本制作过程为:首先,将挑选好的黄豆浸泡于水中,直至发胀变软。然后,用筛子把泡软的黄豆捞出,滤掉大部分水分。接着用传统的石磨将黄豆磨成浆,并用纱布将豆渣过滤,只留下豆浆水。

这时的豆浆水仍是生的，需要用锅煮熟。最后的步骤称为“冲豆花”，豆浆煮沸后，稍凉，加入一定浓度的卤水或石膏水，迅速搅匀，数分钟后，锅内豆浆凝结分层，上层为清澈微黄的液体，下层为洁白的块状凝结物。此凝结物较为松散，内部多孔洞，用筷子夹时易断裂，这就是豆花。

(6)土坎苕粉。据传清代康熙年间，土坎有一位纤夫，认识了一位从湖南来的商人，商人听闻乌江两岸遍坡种红苕而吃法仅是煮食，就告诉纤夫红苕还可以磨成细浆，沉淀并制成苕粉来吃。纤夫回家后就开始学着加工制作苕粉，发现粉丝光洁柔软，煲汤、干炒，食用方式多样，还便于存放，从此苕粉的做法广为流传，当地村民家家户户都会。武隆苕粉也成为武隆独具特色的非遗食品，走俏重庆市乃至全国各地。

(7)酥肉。酥肉的制作过程比较简单。首先，准备好适量的瘦猪肉，切成丝状，并以油、盐、酱、醋、辣椒等佐料调味。其次，取适量红苕粉与之前拌好的瘦肉丝揉合，揉制过程中需不停加水，以保证红苕粉与瘦肉丝黏合，再以筷子搅拌红苕液和瘦肉成小团状，并腌制10分钟左右。最后，以中火烧热锅中的油，待五成热时将红苕瘦肉团逐一放入锅中(防止相互粘连)，炸制成金黄色，再捞出沥干油分即可食用。酥肉也是村民逢年过节必做的一道菜，香酥可口，老少皆宜。

(8)浩口油茶。油茶主要是用当地的绿茶制成。采摘适量的绿茶晒干，并加入适量的油炒。油茶基本上以羊脂油炒制，比较讲究的人家还会以牛骨髓制作。喝油茶的习俗悠久，许多人饮之成癖。

(9)玉米饭和洋芋饭。浩口苗族仡佬族乡村民们吃玉米饭并不是因为健康理念，主要是因为自家生产的玉米太多，而大米又较少，所以才会做玉米饭。和大米一起蒸的还可以是洋芋，也称为洋芋饭，将米煮至七八分熟时再炒洋芋，将米饭放到洋芋上蒸，蒸熟即可食用，是当地的主食之一。玉米饭和洋芋饭制作简单，又香且经饱，口感不错，深受浩口苗族仡佬族乡村民们的喜爱。

(10)洋芋干。洋芋干是石桥乡人喜爱的一种洋芋加工方法，也是当地的特色饮食之一。制作洋芋干的过程为，首先挑拣不易用来切和做菜的小洋芋，放在锅中煮熟，再将洋芋的皮剥下并切成小块，然后放于竹条编制的容器中晾晒。数日后，待洋芋中的水分蒸发完，洋芋干即制成。洋芋干可以用于炒肉、炖菜等，味道香美。

(11)宴席。浩口苗族仡佬族乡村民举办大小酒席都要三天，第一天搭席，第二天是正席，第三天散席，三天都办得很丰盛，菜也别具风味和特色。当然，正席是主要。宴席中的桌子大都为方桌，板凳为条形长凳，每张桌子只坐8个人，每一轮宴席一般只安排6张或8张桌子，视环境宽窄而定。婚宴、寿宴等喜事每张桌子的菜品至少12种，多的有16种，最多有18种。鸡鸭鱼肉，荤素搭配，每张桌子上至少有2~3个荤菜汤，如蹄花汤、鸡汤等。

(12)老鹰茶。老鹰茶，又称为红山茶，是后坪苗族土家族乡、浩口苗族仡佬族乡种植的一种茶叶。老鹰茶富含芳香油、多酚类化合物，泡饮时较清香，滋味厚实，泡后变成红褐色，味道独特，能生津解渴。夏天饮用可消暑解渴、提神助兴。老鹰茶含一定的茶碱，能有效调节机体代谢，同时还具有清热解毒、防暑化食、清理肠胃、消炎利便等功能。老鹰茶的最大特点是透凉，最大功用是解渴。

(13)野生菌。后坪苗族土家族乡茂密的森林，湿润的气候，适量的雨水很适合各类野生菌生长。常见的野生菌有干巴菌、牛肝菌、青头菌、大脚菌、灰包菌、地木耳、草菇、乔巴菌、红菌等。这些菌类经常被人们采食，也成为招待各方游客的美食。

(14)菜豆腐。菜豆腐也是石桥苗族土家族乡的特色菜肴之一。制作豆腐所需的黄豆需提前一天浸泡发胀，然后将浸泡好的黄豆与水一起磨成豆汁。将磨好的豆汁倒入锅中加热直至沸腾，然后倒进一旁的摇架 中反复过滤直至将豆渣与豆汁分开。将过滤后的豆汁倒入锅中，加入卤水和剁碎的青菜，搅拌均匀后将之静放沉淀，形成固体。最后放入一个筛子，将已经成型的豆腐用勺子舀起放置于筛子上，再把多余的豆汁过滤掉，菜豆腐即做成，加入油、盐、酱、醋、辣椒等调味拌匀即可食用。

(15)刨猪汤。吃刨猪汤是当地农村过年的习俗，也就是杀年猪。杀年猪是桩很隆重的事，一般在腊月初举行。刨猪汤席有不少讲究，菜品要求七大碟八大碗，主要以回锅肉、猪血汤、猪心肺、猪肝、猪头肉、猪脚、猪尾巴等为主，既增添喜庆的气氛，又代表吉祥如意。

(16)石桥湖鱼。由于石桥湖盛产黄鲢、白鲢、鲤鱼等多种鱼类，村民大多将鱼晾干封藏制成鱼干，也有人以炸、炖、蒸、煮等方法烹饪石桥湖鱼。将羊肉与鱼一起煮火锅，其味可佳，堪称一绝，做法为：将调制好的汤煮至沸腾，放入蔬菜和羊肉一起煮熟，先食锅中羊肉，再加入切好的鱼重新煮开，再食鱼肉。

(17)浩口杨梅酒。浩口酒有白酒、啤酒、杨梅酒、玉米酒，尤以杨梅酒和啤酒饮用最多。独具特色的杨梅酒成为每家每户常用酒品之一，也是待客的首选。

(18)鸭江老咸菜。鸭江老咸菜是武隆人自己的咸菜品牌，它采用传统配方，以大溪河流域无公害基地的优质茎瘤芥、红辣椒为主要原料，选用多种名贵中药香料腌制而成，历经世代传承，依然保留了传统腌制工艺。采摘青菜头、剥皮、穿串、晾晒、切丝切片、淘洗、压榨、入料腌制、封装入坛到咸菜发酵，严格按照鸭江当地流传了几十年的工艺制作，保证咸菜的正宗传统味道。

(19)火炉药膳羊肉。武隆火炉药膳羊肉，选用武隆仙女山高寒山区天然牧场的优质本地山羊肉，其肉质鲜嫩，色泽鲜红，高蛋白低脂肪，营养丰富，富含多种氨基酸和大量维生素，胆固醇含量低，能御寒、补虚，属肉中珍品。

(20)白马天然蜂蜜。据说，在明朝初年，从陕西过来的一位太医要到贵州去，路过白马山时，看见漫山遍野盛开着各种各样的鲜花，却不见有人家养蜂酿蜜，便向人们传授养蜂酿蜜的技术。自古以来，居住在白马山上的村民就有凭借优越的自然条件养蜂酿蜜的传统。蜂蜜有保肝润肺、养颜美容的作用。

(21)羊角老醋。油盐酱醋是百姓家必不可少的调味品。在武隆羊角，农家酿造的陈年老醋口感醇厚，早年间就享誉川东地区。酿造羊角老醋对原材料要求高、工序复杂，羊角老醋与其他陈醋最大的不同就在于所用的香料、中草药大多采自白马山、仙女山和乌江峡谷，具有促进食欲、帮助消化等作用。

(22)羊角豆干。羊角豆干传统制作技艺历史悠远，因产地集中在武隆羊角，以其冠名。制作方法：精选当地优质大豆，经过浸泡、磨浆、煮沸、过滤、胆水分解、挤压成型等工序，划成大小、厚薄不等的白豆腐干，再用八角、花椒、草果、丁香、良姜、桂皮、三奈、白芷等熬制成的香料包进行3～5次卤制、晾晒，然后用白糖精浆、食用盐和卤水炖煮上色，最后高温灭菌，真空包装即可。

(23)后坪木姜子油。木姜子被称作“味之山妖”，其味极香，常用于调味，在深山才能寻到，除了制油，苗家人常常在山野劳作之时，顺手采摘两把新鲜木姜子，在炒菜时加入。

(24)桐梓牛肉。渝东南土家族、苗族、侗族等各族人民历来就有食用黄牛肉的习惯，请客送礼以黄牛肉为上品。黄牛是采用放牧饲养为主的方式生产出来的。在自然条件下，通过传统的养殖方式，桐梓黄牛肉保持了肉质原生态。

(25)文复荞麦食品。荞麦在我国的种植历史十分悠久。相传，文复苗家“豆花荞面”已有300多年历史。制作主要有三个步骤：首先是用当地的黄豆加工后做成白豆花，用刀在锅里划成方方正正、如拇指般大小的“小坨坨”；其次将荞麦面发酵后，用压面机压制成筷子宽的荞麦面条，放进烧沸的汤锅里煮熟；然后把荞麦面条挑起来装进有豆花的碗里；最后用一只碗装配制好的姜米、蒜泥、红椒(青椒)、花椒面、葱花、豆豉、香油和味精等混合的佐料。

(26)土地小灶酒。小灶酒是采用传统手工艺,用五谷杂粮酿造出的独具风味的民间美酒。手工酿酒看起来简单,却是酿酒师傅世世代代实践的成果,也是劳动人民智慧的结晶。

(27)武隆碗碗羊肉。武隆碗碗羊肉传统制作方法是:选用武隆白马山、仙女山高寒山区天然牧场的优质本地山羊肉,经过去骨、切片、清水浸泡去血水、特制金属锅或桶加工、文火熬制高汤、制作红油等工序制作而成。碗碗羊肉取材于当地的自然环境,体现了当地的人文习俗等,是极具地方特色的一道美食,具有极高的文化价值。

(28)茅草坪辣椒酱。武隆区和顺茅草坪辣椒酱是用干海椒、泡椒、糟海椒、胡辣壳制作而成的民间美食。辣椒酱制作完全是纯手工,调料是关键一环。调料秘方是每家糟海椒的核心竞争力。茅草坪辣椒酱既辣又香,辣味正,劲道足,吃了不上火。

二、仙女山农家乐美食创新

(一)创新菜品

根据市场需求,结合武隆饮食文化、非物质文化遗产、喀斯特地貌、民族文化、红色文化等资源,在保护饮食原真性前提下,运用新技术、新材料、新工艺创新菜品。

表4-2-12　仙女山农家乐创新菜品

| 序号 | 创新菜品 | 原菜品名 | 创新方法 |
| --- | --- | --- | --- |
| 1 | 黄金土豆饭 | 洋芋饭 | 用当地种植的水稻、土豆,经煮、蒸、闷制作而成,味道鲜香。 |
| 2 | 菠萝鸡 | 辣子鸡丁 | 选用当地饲养的土鸡,切成鸡丁状,再经炸、烹炒制作而成,微凉后,装入挖空的菠萝里,味道麻辣鲜香,略带菠萝酸甜。 |
| 3 | 小桥流水 | 泉水豆花 | 采用泉水豆花传统制作方法,并将豆花形成小桥流水之态,展现乌江蜿蜒之姿。 |
| 4 | 鸳鸯戏水 | 酸萝卜老鸭汤 | 所选原料为土鸭,经过炖或蒸,以海带丝为水草,以萝卜为水底石头,注重比例搭配,味道鲜美。 |
| 5 | 一清二白 | 白菜豆腐汤 | 选用本地白菜和农家自制豆腐,两者皆有白色,借喻当地人民的朴实。 |
| 6 | 小家碧玉 | 绿色蔬菜 | 选用当地绿色蔬菜,经煎、炒、摆盘等工艺,味道清新爽口,具有农家风味。 |

续表

| 序号 | 创新菜品 | 原菜品名 | 创新方法 |
|---|---|---|---|
| 7 | 一马平川 | 冷菜拼盘 | 采用果酱勾勒出奔驰骏马，用绿色蔬菜拼成大草原，浑然一体，展现一马平川的壮阔。所选主料丰富多样，以绿色为主，采用浸、卤、拌、炒等技法制作，以姜、蒜等调味，形成了武隆仙女山的独特风味。 |
| 8 | 凉拌三仙 | 凉拌菜 | 选用当地特有的羊角豆干、高山胡萝卜、红苕粉，经卤、拌制作而成，味道麻辣鲜香，具有武隆地方特色。 |
| 9 | 冰天雪地 | 醪糟汤圆 | 选用手工制作的汤圆和醪糟(冷吃)，煮制。用醪糟表示雪花，汤圆表示雪球，展现武隆仙女山的气候特征。 |
| 10 | 川流不息 | 河水豆花 | 采用河水豆花传统制作方法，将豆花形成川流不息之态，展现出乌江蜿蜒之姿。 |
| 11 | 青山绿水 | 冷菜拼盘 | 采用果酱勾勒出山河，用绿色蔬菜拼成草地，再现青山绿水的景色。所选主料丰富多样，以绿色为主，采用浸、卤、拌、炒等制作，以姜、蒜等调味，展现乌江依山傍水的美景。 |
| 12 | 凉拌双耳 | 凉拌菜 | 用土猪耳朵、折耳根，经卤、拌制作而成，味道麻辣鲜香，具有武隆地方特色。 |
| 13 | 龙骨黑排 | 排骨 | 选用土猪猪排，经炸、烹炒制作而成，味道酸甜可口，油而不腻。摆盘呈一条龙的形状，象征武隆天生三桥中的黑龙桥。 |
| 14 | 白雪粑 | 糍粑 | 采用当地糍粑传统制作方法，搓成圆球状，经炸制，裹上奶油，代表雪球，展现武隆仙女山气候特征。 |
| 15 | 一碧万顷 | 冷菜拼盘 | 用绿色蔬菜拼成大草原，再现一碧万顷的景色。所选主料丰富多样，以绿色为主，采用浸、卤、拌、炒等技法制作，配以姜、蒜等调味，展现武隆仙女山草原美景。 |
| 16 | 黄灿灿 | 糕点 | 选用当地种植的玉米、南瓜，经蒸、煮制作而成，体现武隆农民丰收的喜悦。 |
| 17 | 春华秋实 | 水果拼盘 | 选用当地种植的水果，如柿子(初熟、成熟、熟透)、枣子(青枣、红枣、干枣、枣核)、李子(青色硬、渐黄略硬、金黄软)，配以树枝、树叶，经摆盘后展现一种时间的流逝，让食者懂得珍惜。 |
| 18 | 五彩糍粑 | 土坎糍粑 | 土坎糍粑成型后，将其切成各种形状，并加入本地蔬菜，形成五颜六色的糍粑。 |

续表

| 序号 | 创新菜品 | 原菜品名 | 创新方法 |
|---|---|---|---|
| 19 | 白马烽火 | 毛血旺 | 以血旺为主材，再配料，味道以麻辣为主。以小火锅的形式在餐桌上进行煮制，附上以红色文化为主题的卡片。 |
| 20 | 步步高升 | 炒竹笋 | 选用武隆山区小竹笋，进行清炒，淋入汤汁，展现武隆山貌特征。 |
| 21 | 三色桥 | 胡萝卜白萝卜烧排骨 | 用本地萝卜和土猪排骨，经煮、小炖制作而成，味道咸香，象征天生三桥。 |
| 22 | 千丝万缕 | 炒空心菜 | 用特殊的工具把菜处理成一条一条的，经炒或凉拌，借喻织女为民伏龙的故事。 |
| 23 | 仙女下凡 | 脆脆香 | 在容器中放入鱼茸、荠菜粒调味，加蛋清搅拌均匀，在春卷皮放入少许鱼茸卷成鱼茸卷，取净锅放色拉油烧四成热下鱼茸卷，炸至金黄色，装盘加以点缀即可。 |
| 24 | 雪花豆腐 | 豆花 | 选用本地黄豆，经过较长时间的浸泡、磨碎、熬煮、过包、分离、点卤水等多道工序制作而成，再配上蘸水，真是美味可口，妙不可言。一朵朵沉淀在锅中的豆腐花如同武隆仙女山飘落的雪花。 |
| 25 | 青山绿水 | 绿豆粉 | 采用当地特色农产品绿豆粉装盘，勾勒出武陵山区的山脉地貌和乌江的蜿蜒之姿，极具当地文化特色。 |
| 26 | 年年有余 | 糖醋全鱼 | 选用武隆区羊角镇的羊角醋和江口鱼，配独特配料，味道酸甜可口，回味悠长，是当地特色饮食。 |
| 27 | 长长韭韭 | 韭菜炒绿豆粉 | 以渝东南地区特色农产品绿豆粉为主料，加韭菜一起翻炒即可。 |
| 28 | 武陵飞雪 | 耗油牛肉粒 | 选用牛肉粒、百合、蚕豆为主料，运用川菜特色小炒的技法，使原料浑然一体，味道咸香味美。品此菜如同冬季游玩银装素裹的仙女山，白雪皑皑中的林海、草场让人心驰神往。 |

（二）创新宴席

以武陵风情宴为例。

在仙女山农家乐饮食文化资源调查和菜品创新的基础上，以重庆市武隆区荆竹村为中心，辐射到重庆市彭水苗族土家族自治县樱桃井村、重庆市黔江区新建村、重庆市酉阳土家族苗族自治县扎营村、贵州省江口县梵净山村、湖南省凤凰县竹山村等武陵山区全国乡村旅游重点村，将武陵山区乡村独特的烹调手法与旅游景点融合，创新景食合一的“武陵风情宴”。宴席设计内容包括主题、理念、菜单、推广价值、菜品技法创新、风味特色及营养搭配、解说词等。

1.主题简介

俗话说：“一方水土养一方人，靠山吃山，靠水吃水，就地取材，就地施烹。”武陵山区位于我国中南部，这里的村镇山同脉，水同源，民同俗，文化神秘浪漫。武陵风情宴以武陵山区独特的山水为素材，吸收各民族菜系精华组合而成，具有独特风味。这台宴席或是仿武陵风光于其中，或是融诗词典故于佳肴，每款菜品不仅口感独特、营养搭配合理，更是了解武陵山区历史文化、风景名胜的窗口，宾客在品尝之际，仿佛身临其境，感受武陵山的巨大魅力。

结合人们对营养健康的要求，采用多种烹调技法，如小炒、蒸、煮、烧、炸、浸泡、酱、拌、炝、酿等，口味多变，主食和配菜搭配合理。同时，借助异形器皿、菜点名称，提炼武陵山区饮食文化的精髓，将饱含人文风情和历史典故的菜品展现在宾客面前，使客人在游览武陵山时感到宾至如归，在乐山水之间，品舌尖武陵，感受千年武陵文明。

2.设计理念

武陵风情宴，源于武陵山区源远流长的饮食文化，将当地少数民族特色饮食和现代饮食观念结合，形成具有武陵山地方风味特色的一组菜肴，此宴席共16道菜式，其中6道冷拼、8道热菜、2道面点。每道菜式都与当地的风景名胜、饮食文化紧密相连，既考虑到人体的营养需要，又考虑到以精巧的设计来勾起用餐者的食欲。该宴席展现了武陵山绚丽的自然风景、深厚的人文气息、浓郁的民族特色，淋漓尽致地表现了武陵人的好客热情。

3. 菜单设计

表 4-2-13　武陵风情宴菜单

<table>
<tr><th>菜品类别</th><th>菜品名称(隐喻式)</th><th>菜品名称(质朴式)</th></tr>
<tr><td rowspan="6">冷拼</td><td rowspan="6">有朋自远方来</td><td>香辣牛肉</td></tr>
<tr><td>土家猪耳</td></tr>
<tr><td>烧椒白肉</td></tr>
<tr><td>爽口萝卜</td></tr>
<tr><td>清香西芹</td></tr>
<tr><td>山药红肠</td></tr>
<tr><td rowspan="8">热菜</td><td>廊桥大排</td><td>香辣大排</td></tr>
<tr><td>桃花鳜鱼</td><td>姜丝鳜鱼</td></tr>
<tr><td>银锤凤翅</td><td>椒盐鸡翅配沙拉</td></tr>
<tr><td>武陵飞雪</td><td>耗油牛肉粒</td></tr>
<tr><td>甜蜜邂逅</td><td>水果虾仁</td></tr>
<tr><td>高山素翅</td><td>瓜汁娃娃菜</td></tr>
<tr><td>诗画山水</td><td>上汤萝卜丝</td></tr>
<tr><td>乌龙参饭</td><td>鲍汁海参饭</td></tr>
<tr><td rowspan="2">面点</td><td>仙山玉露</td><td>地牯牛</td></tr>
<tr><td>金兰之友</td><td>提篮酥</td></tr>
</table>

4. 推广价值

本次宴席设计与制作基于武陵山区饮食文化和现代饮食观念的结合，加入了一些药食同源的原材料，不仅满足了人们的正常需求而且符合人们对营养健康的要求，可以推广。

5. 菜品技法创新

表 4-2-14　武陵风情宴菜品技法创新

| 菜品类别 | 菜品名称 | 菜品技法创新 |
|---|---|---|
| 冷拼 | 有朋自远方来(香辣牛肉、土家猪耳、烧椒白肉、爽口萝卜、清香西芹、山药红肠) | “有朋自远方来”这道冷拼中有土家猪耳、烧椒白肉、香辣牛肉、爽口萝卜、清香西芹、山药红肠6道,选用多种原料,荤素搭配,经过不同刀工处理,采用浸、卤、拌、腌等技法制作而成,配以红油、烧椒等调味料,口味酸、甜、麻、辣、咸香并重。盘中用水墨画的形式将武陵山的“奇、野、险、幽、秀”展现在客人眼前,让食客在视觉和味觉上都回味无穷,难以忘怀。 |
| 热菜 | 廊桥大排(香辣大排) | 选用当地饲养的土猪猪排,经炸、烹炒制作而成,味道麻辣鲜香,油而不腻,展现了阿蓬江上“亚洲第一廊桥”的风采。 |
|  | 桃花鳜鱼(姜丝鳜鱼) | 选取武陵山区鳜鱼,以姜丝垫底煎制而成,外酥里嫩,入口生香。盘中点缀几枝桃花,让人不禁联想到1600多年前晋代大诗人陶渊明所写的《桃花源记》中,武陵人打鱼时误入世外桃源的情景。 |
|  | 银锤凤翅(椒盐鸡翅配沙拉) | 选秀山土鸡翅中为主料,先改刀为锤形,再裹蛋液拍面包糠炸制,最后配水果沙拉。此菜形似银锤,酥香味美,配水果沙拉消食解腻。盘中的凤翅堆叠而成,形似柴火,如同凤凰涅槃。 |
|  | 武陵飞雪(耗油牛肉粒) | 选用牛肉粒、百合、蚕豆为主料,运用川菜特色小炒的技法,使原料浑然一体,味道咸香味美。品此菜如同冬季游玩银装素裹的仙女山,白雪皑皑中的林海、草场让人心驰神往。 |
|  | 甜蜜邂逅(水果虾仁) | 以虾仁、杧果、火龙果等为原料,通过滑炒制作而成,味道酸甜味美。盘中放置的火龙果,如同阿依河上的小船,散落的水果和虾仁如同激流险滩中的礁石。此菜隐喻情侣们在跌宕起伏的阿依河漂流中收获唯美的爱情。 |
|  | 高山素翅(瓜汁娃娃菜) | 是一道以素托荤的菜品,将高山娃娃菜改刀成鱼翅状,然后用高汤蒸制后淋入南瓜汁,使其在色香味形上神似金汤鱼翅,味道鲜美。素斋就是梵净山的一道特色。 |
|  | 诗画山水(上汤萝卜丝) | 选用白萝卜为原料,用高超的刀工技艺切成银针状,在高汤和火腿中煨制而成。汤中点缀碧绿的菜心,将小南海的湖光山水融为一体。 |
|  | 乌龙参饭(鲍汁海参饭) | 以海参为主要原料,塞入牛肉馅后蒸制、浇汁,最后以黄金炒饭垫底。海参又叫乌龙,蜿蜒千里的乌江如同乌龙出海。乌江百里画廊历史悠久,以“奇山、怪石、碧水、险滩、古镇、廊桥、纤道、悬葬”闻名,清代诗人翁若梅赞叹:“蜀中山水奇,应推此第一。” |

续表

| 菜品类别 | 菜品名称 | 菜品技法创新 |
| --- | --- | --- |
| 面点 | 仙山玉露(地牯牛) | 借用了武陵山特产“仙山玉露”的形与名,是将糯米粉、澄面、猪油等原料混匀包入馅料,捏成仙山玉露的形状后蒸制,颜色洁白透亮,口感软糯。 |
|  | 金兰之友(提篮酥) | 是将水油皮和油心制成酥皮,捏制成提篮形状,炸制后填入山药泥,最后再撒上水果粒。提篮把是用剩下的水油皮制作,符合节俭的原则。这道面点外酥里软,寓意着朋友之间深厚的友谊,表达了武陵山人的好客之情。 |

图4-2-1　有朋自远方来

图4-2-2　廊桥大排

6.风味特色及营养搭配

(1)用料搭配。

本宴席菜品营养结构合理,荤素搭配,原料多样,菜品不过于油腻,也不过于清淡。选择廊桥大排、银锤凤翅等油性菜品的同时,也有意加入高山素翅、诗画山水等解腻菜品。鉴于此,宴席选用了牛肉、猪肉排、鳜鱼、鸡翅中、五花肉、蚕豆、百合、山药、白萝卜等。廊桥大排中的土猪猪排含有大量磷酸钙,是幼儿和老人的优质钙源;桃花鳜鱼中的鳜鱼营养丰富,具有益气力、补虚劳、健脾胃的食疗功效;武陵飞雪中的牛里脊和蚕豆能提供优质蛋白,搭配百合更能润肺止咳、宁心安神;诗画山水中的主料白萝卜又名小人参,将其用高汤熬制后,既保留了营养价值,又提升了口感。

(2)烹饪技法运用。

此宴席将武陵山区独特的烹调技法运用得淋漓尽致。采用浸、卤、拌、腌等技法制作了冷拼,采用炸、煎、蒸、煮、滑炒等技法完成了廊桥大排、银锤凤翅、桃花鳜鱼、诗画山水、乌龙参饭、甜蜜邂逅等热菜。

(3)风味特点。

本宴席讲究口味多变,麻辣酸甜咸五味俱全。菜品风味独特,红油味、烧椒味、香辣味等武陵山区民族风味突出,做到一菜一格,百菜百味。

(4)营养状况。

本宴席营养结构合理,荤素搭配,原料多样。

(5)餐具搭配选用。

此宴席的冷拼在餐具上选择了白色平盘,既便于在盘中绘制武陵山水墨风景画,展现武陵风光,同时白色平盘又能凸显菜品的艳丽色泽。热菜餐具多选择异形圆盘、平盘、长盘,颜色根据菜品主题而变化,符合"景食合一"的特点。面点餐具则选择了木质的茶盘和古朴古香的博古架,更显出面点的精巧。

(6)台面布置。

此宴席台面中间为武陵山水,上面郁郁葱葱,峰峦叠嶂,山清水秀,组成了一幅武陵风光图;浅色的桌布与武陵山村民的淳朴自然相得益彰;纯白的餐具体现了武陵山的天然和原生态;金色的餐巾展现了武陵人的好客之情;折扇状的菜单如同孔雀开屏,欢迎着八方来客。

(7)上菜顺序及适应性。

此宴席先上冷拼组合"有朋自远方来",接着上热菜,热菜的上菜顺序如下:首先是头菜廊桥大排,其次是以鳜鱼为主料的桃花鳜鱼和以鸡翅中为原料的银锤凤翅,然后是两道小炒武陵飞雪和甜蜜邂逅,紧接着是素菜高山素翅和汤菜诗画山水,最后是乌龙参饭。热菜上完后,接着是面点仙山玉露,最后以面点金兰之友作为整个宴席的结束。

7.武陵风情宴解说词

武陵文化历史悠久,神秘浪漫,这里"山同脉,水同源,民同俗"。武陵风情宴以武陵山区独特的山水为素材,融风景名胜于一体,集各民族菜品之精华,让远道而来的客人在乐山水之间,品舌尖武陵,抒金兰情怀。

论语曰:"有朋自远方来,不亦乐乎。"宴席中的冷拼组合由此得名。6道冷拼选用6种不同的原料,荤素搭配,经过不同刀工和烹调技艺制作而成,配以红油和烧椒等蘸碟突出武陵山区民族风味。盘中巧妙地运用水墨画的形式,将武陵山的"奇、野、险、幽、秀"呈现在客人面前,让食客在视觉和味觉上都回味无穷,难以忘怀。

"食寓武陵,武陵食寓。"本次宴席中的8道热菜,将武陵山区独特的烹调手法与名胜景点融为一体，做到“景食合一”。

武陵山高溪深，不宜行走，廊桥文化应运而生。本次宴席首推的是“廊桥大排”。“廊桥大排”是借土猪猪排的自然形状，采用炸、烹炒的技法，味道鲜美、油而不腻，形象地展现了位于阿蓬江上的“亚洲第一廊桥”——风雨廊桥。它是武陵巴文化、土家族文化和汉文化的融合、传承与创新的见证。

何处觅桃源。世界上有两个桃花源，一个在你心中，另一个在武陵酉阳。这道“桃花鳜鱼”以武陵山区鳜鱼为主料，用姜丝垫底煎制而成，外酥里嫩，入口生香。盘中点缀几枝桃花，让人不禁联想到《桃花源记》中，武陵人打鱼时误入世外桃源，流连忘返的情景。

旁边这道武陵飞雪以仙女山黄牛肉为主料，配以洁白的百合，通过适当的装饰，将仙女山迷人的雪景巧妙地展现在了食客眼前。

梵天净土，梦幻碧江。高山素翅以素托荤，将娃娃菜制作成金汤素鱼翅，完美诠释了梵净山的素斋精髓。

这道诗画山水，在白萝卜丝汤中点缀碧绿的菜心，将我国现存最完整的古地震遗址——小南海的湖光山色融为一体。

千里乌江，百里画廊。此道乌龙参饭选用海参为主料，海参又名乌龙。蜿蜒千里的乌江如同乌龙出海，气势磅礴，造就了怪石、险滩。

烟雨边城，最美凤凰。品银锤凤翅，就像阅一代文豪沈从文的《边城》，自然厚朴。

爱情在哪里？在武陵人心中，阿依河就代表着浪漫的爱情。这道甜蜜邂逅以虾仁、水果为原料，味道酸甜味美。此道菜象征着情侣们在跌宕起伏的阿依河漂流中，收获唯美的爱情。

赏武陵风光，品仙山玉露。仙山玉露是武陵山特产，形似蚕宝宝，营养丰富，长期食用有益健康。此道面点借鉴了仙山玉露的形、名、味，形态逼真，口感软糯香辣。

最后，我们用一道寓意着朋友之间深厚情谊的“金兰之友”为本次武陵风情之旅画上句号。品尝武陵风情一宴，还你我千年武陵文明。正如著名歌唱家宋祖英在《神往的武陵》所唱：勤劳的武陵人，创造出了神话，敞开心扉欢迎你，神往的武陵等你到达。

实践案例来源：根据国家文化和旅游部2018年度“万名旅游英才计划”项目“武隆仙女山度假区农家乐菜品创意设计志愿帮扶”（项目编号：WMYC20183-112；指导教师：袁昌曲）的研究成果总结而成。

图 4-2-3　团队成员与农业家乐业主合影

## 任务评价

表 4-2-15　乡村旅游美食创新实践评价表

| 内容 | 评价项目 | 评价标准 | 分值（分） | 扣分（分） | 得分（分） |
|---|---|---|---|---|---|
| 乡村旅游美食创新实践 | 乡村旅游美食文化资源调查(40分) | 饮食文化资源调查 | 20 | | |
| | | 饮食类非物质文化遗产 | 20 | | |
| | 乡村旅游美食创新（60分） | 菜品创新 | 20 | | |
| | | 宴席设计 | 40 | | |
| | 总分 | | 100 | | |

## 任务思考

乡村旅游美食创新可采用哪些新技术、新材料、新工艺?

## 任务拓展

开展家乡饮食文化资源调查,设计一份最能体现家乡饮食文化特色的乡村旅游宴席菜单,要具有创新性,并进行解说和营销推广。

## 知识链接

### 1. 中国古今五大名宴

满汉全席。满汉全席是满汉两族风味肴馔兼用的盛大宴席。清初满人入主中原,满汉两族开始融合。满汉全席是清代满室贵族、官府才能举办的宴席,一般民间少见。规模盛大高贵,程式复杂,满汉食珍,南北风味兼有,菜肴品种十分丰富,有中国古代宴席之最的美誉。

孔府宴。曲阜孔府是孔子后人居住的地方。孔府既举办过各种民间家宴,又宴迎过皇帝、钦差大臣等,各种宴席皆有之,集中国宴席之大成。孔子认为“礼”是社会的最高规范,宴欢是“礼”的基本表现形式之一。孔府宴礼节周全,程式严谨,是古代宴席的典范。

全鸭宴。首创于北京全聚德烤鸭店,特点是宴席全部以北京填鸭为主料,烹制成各类鸭菜肴,可有100多种冷热鸭菜供选择。用同一种主料烹制各种菜肴组成宴席,是中国宴席的特点之一。全国著名全席有:天津全羊席、上海全鸡席、无锡全鳝席、四川豆腐席、西安饺子宴等。

文会宴。文会宴是中国古代文人进行文学创作和相互交流的重要形式之一。形式自由活泼,内容丰富多彩,追求雅致的环境和情趣。一般多选在气候宜人的地方,席间珍肴美酒,赋诗唱和,莺歌燕舞。历史上许多著名的文学和艺术作品都是在文会宴上创作出来的。著名的《兰亭集序》就是王羲之在兰亭文会上写的。

烧尾宴。古代名宴,专指为士子登科或官位升迁而举行的宴会,盛行于唐代,是中国欢庆宴的典型代表。烧尾一词来源有三种说法:一说是兽可变人,但尾巴不能变没，只有烧掉尾巴；二说是新羊初入羊群，只有烧掉尾巴才能被接受；三说是鲤鱼跃龙门，必有天火把尾巴烧掉才能变成龙。此三说法都有升迁更新之意，故此宴取名“烧尾宴”。

### 2.饮食类非物质文化遗产

表4-2-16 联合国教科文组织饮食类非物质文化遗产（部分）

| 序号 | 项目名称 | 申报国家 | 列入时间（年） |
| --- | --- | --- | --- |
| 1 | 法国美食大餐 | 法国 | 2010 |
| 2 | 克罗地亚北部的姜饼制作技艺 | 克罗地亚 | 2010 |
| 3 | 传统的墨西哥美食——地道、世代相传、充满活力的社区文化，米却肯州模式 | 墨西哥 | 2010 |
| 4 | 仪式美食传统凯斯凯克 | 土耳其 | 2011 |
| 5 | 古代格鲁吉亚人的传统克维乌里酒缸酒制作方法 | 格鲁吉亚 | 2013 |
| 6 | 泡菜的腌制与分享 | 韩国 | 2013 |
| 7 | 地中海饮食文化 | 克罗地亚、摩洛哥、葡萄牙、塞浦路斯、西班牙、希腊、意大利 | 2013 |
| 8 | 土耳其咖啡的传统文化 | 土耳其 | 2013 |
| 9 | 和食，日本人的传统饮食文化，以新年庆祝为最 | 日本 | 2013 |
| 10 | 照料阿甘树的知识与实践 | 摩洛哥 | 2014 |
| 11 | 薄饼，作为亚美尼亚文化表达的传统面包制作、意义和展现 | 亚美尼亚 | 2014 |
| 12 | 阿拉伯咖啡，慷慨的象征 | 阿拉伯联合酋长国、阿曼苏丹国、卡塔尔、沙特阿拉伯王国 | 2015 |

续表

| 序号 | 项目名称 | 申报国家 | 列入时间(年) |
|---|---|---|---|
| 13 | 朝鲜泡菜制作传统 | 朝鲜 | 2015 |
| 14 | Oshituthi shomagongo,马鲁拉水果节 | 纳米比亚 | 2015 |
| 15 | L'Oshi Palav传统菜及相关社会文化习俗 | 塔吉克斯坦 | 2016 |
| 16 | 烤馕制作和分享的文化:拉瓦什、卡提尔玛、居甫卡、尤甫卡 | 阿塞拜疆、哈萨克斯坦、吉尔吉斯斯坦、土耳其、伊朗 | 2016 |
| 17 | 比利时啤酒文化 | 比利时 | 2016 |
| 18 | 马拉维的传统烹饪——恩西玛 | 马拉维 | 2017 |
| 19 | 多尔玛制作和分享传统——文化认同的标志 | 阿塞拜疆 | 2017 |
| 20 | 那不勒斯披萨制作技艺 | 意大利 | 2017 |
| 21 | 用皮革袋酿制马奶酒的传统技艺及相关习俗 | 蒙古国 | 2019 |
| 22 | 新加坡的小贩文化,多元文化城市背景下的社区餐饮习俗 | 新加坡 | 2020 |
| 23 | 伊阿弗提亚,马耳他扁平酵母面包的烹饪艺术和文化 | 马耳他 | 2020 |
| 24 | 久慕汤 | 海地 | 2021 |
| 25 | 肯尼亚推广传统饮食和保护传统饮食文化的成功案例(优秀实践名册) | 肯尼亚 | 2021 |
| 26 | 中国传统制茶技艺及其相关习俗 | 中国 | 2022 |

注:通过中国非物质文化遗产网·中国非物质文化遗产数字博物馆清单“联合国教科文组织非物质文化遗产名录(名册)”统计整理而成。

表 4-2-17 中国国家级饮食类非遗名单(部分)

| 序号 | 名称 | 类型 | 批次 | 申报单位 |
|---|---|---|---|---|
| 1 | 茅台酒酿制技艺 | 新增项目 | 第一批(2006年) | 贵州省 |
| 2 | 泸州老窖酒酿制技艺 | 新增项目 | 第一批 | 四川省泸州市 |
| 3 | 杏花村汾酒酿制技艺 | 新增项目 | 第一批 | 山西省汾阳市 |
| 4 | 绍兴黄酒酿制技艺 | 新增项目 | 第一批 | 浙江省绍兴市 |
| 5 | 自贡井盐深钻汲制技艺 | 新增项目 | 第一批 | 四川省自贡市 |
| 6 | 自贡井盐深钻汲制技艺 | 新增项目 | 第一批 | 四川省大英县 |
| 7 | 清徐老陈醋酿制技艺 | 新增项目 | 第一批 | 山西省清徐县 |
| 8 | 镇江恒顺香醋酿制技艺 | 新增项目 | 第一批 | 江苏省镇江市 |
| 9 | 武夷岩茶(大红袍)制作技艺 | 新增项目 | 第一批 | 福建省武夷山市 |
| 10 | 凉茶 | 新增项目 | 第一批 | 广东省文化厅 |
| 11 | 凉茶 | 新增项目 | 第一批 | 香港特别行政区民政事务局 |
| 12 | 凉茶 | 新增项目 | 第一批 | 澳门特别行政区文化局 |
| 13 | 蒸馏酒传统酿造技艺(北京二锅头酒传统酿造技艺) | 新增项目 | 第二批(2008年) | 北京红星股份有限公司 |
| 14 | 蒸馏酒传统酿造技艺(北京二锅头酒传统酿造技艺) | 新增项目 | 第二批 | 北京顺鑫农业股份有限公司 |
| 15 | 蒸馏酒传统酿造技艺(衡水老白干传统酿造技艺) | 新增项目 | 第二批 | 河北省衡水市 |
| 16 | 蒸馏酒传统酿造技艺(山庄老酒传统酿造技艺) | 新增项目 | 第二批 | 河北省平泉县 |
| 17 | 蒸馏酒传统酿造技艺(板城烧锅酒传统五甑酿造技艺) | 新增项目 | 第二批 | 河北省承德县 |

续表

| 序号 | 名称 | 类型 | 批次 | 申报单位 |
| --- | --- | --- | --- | --- |
| 18 | 蒸馏酒传统酿造技艺（梨花春白酒传统酿造技艺） | 新增项目 | 第二批 | 山西省朔州市 |
| 19 | 蒸馏酒传统酿造技艺（老龙口白酒传统酿造技艺） | 新增项目 | 第二批 | 辽宁省沈阳市 |
| 20 | 蒸馏酒传统酿造技艺（大泉源酒传统酿造技艺） | 新增项目 | 第二批 | 吉林省通化县 |
| 21 | 蒸馏酒传统酿造技艺（宝丰酒传统酿造技艺） | 新增项目 | 第二批 | 河南省宝丰县 |
| 22 | 蒸馏酒传统酿造技艺（五粮液酒传统酿造技艺） | 新增项目 | 第二批 | 四川省宜宾市 |
| 23 | 蒸馏酒传统酿造技艺（水井坊酒传统酿造技艺） | 新增项目 | 第二批 | 四川省成都市 |
| 24 | 蒸馏酒传统酿造技艺（剑南春酒传统酿造技艺） | 新增项目 | 第二批 | 四川省绵竹市 |
| 25 | 蒸馏酒传统酿造技艺（古蔺郎酒传统酿造技艺） | 新增项目 | 第二批 | 四川省古蔺县 |
| 26 | 蒸馏酒传统酿造技艺（沱牌曲酒传统酿造技艺） | 新增项目 | 第二批 | 四川省射洪县 |
| 27 | 酿造酒传统酿造技艺（封缸酒传统酿造技艺） | 新增项目 | 第二批 | 江苏省金坛市 |
| 28 | 酿造酒传统酿造技艺（封缸酒传统酿造技艺） | 新增项目 | 第二批 | 江苏省丹阳市 |
| 29 | 酿造酒传统酿造技艺（金华酒传统酿造技艺） | 新增项目 | 第二批 | 浙江省金华市 |
| 30 | 配制酒传统酿造技艺（菊花白酒传统酿造技艺） | 新增项目 | 第二批 | 北京仁和酒业有限责任公司 |

续表

| 序号 | 名称 | 类型 | 批次 | 申报单位 |
| --- | --- | --- | --- | --- |
| 31 | 花茶制作技艺(张一元茉莉花茶制作技艺) | 新增项目 | 第二批 | 北京张一元茶叶有限责任公司 |
| 32 | 绿茶制作技艺(西湖龙井) | 新增项目 | 第二批 | 浙江省杭州市 |
| 33 | 绿茶制作技艺(婺州举岩) | 新增项目 | 第二批 | 浙江省金华市 |
| 34 | 绿茶制作技艺(黄山毛峰) | 新增项目 | 第二批 | 安徽省黄山市徽州区 |
| 35 | 绿茶制作技艺(太平猴魁) | 新增项目 | 第二批 | 安徽省黄山市黄山区 |
| 36 | 绿茶制作技艺(六安瓜片) | 新增项目 | 第二批 | 安徽省六安市裕安区 |
| 37 | 红茶制作技艺(祁门红茶制作技艺) | 新增项目 | 第二批 | 安徽省祁门县 |
| 38 | 乌龙茶制作技艺(铁观音制作技艺) | 新增项目 | 第二批 | 福建省安溪县 |
| 39 | 普洱茶制作技艺(贡茶制作技艺) | 新增项目 | 第二批 | 云南省宁洱哈尼族彝族自治县 |
| 40 | 普洱茶制作技艺(大益茶制作技艺) | 新增项目 | 第二批 | 云南省勐海县 |
| 41 | 黑茶制作技艺(千两茶制作技艺) | 新增项目 | 第二批 | 湖南省安化县 |
| 42 | 黑茶制作技艺(茯砖茶制作技艺) | 新增项目 | 第二批 | 湖南省益阳市 |
| 43 | 黑茶制作技艺(南路边茶制作技艺) | 新增项目 | 第二批 | 四川省雅安市 |
| 44 | 晒盐技艺(海盐晒制技艺) | 新增项目 | 第二批 | 浙江省象山县 |

续表

| 序号 | 名称 | 类型 | 批次 | 申报单位 |
|---|---|---|---|---|
| 45 | 晒盐技艺(海盐晒制技艺) | 新增项目 | 第二批 | 海南省儋州市 |
| 46 | 晒盐技艺(井盐晒制技艺) | 新增项目 | 第二批 | 西藏自治区芒康县 |
| 47 | 酱油酿造技艺(钱万隆酱油酿造技艺) | 新增项目 | 第二批 | 上海市浦东新区 |
| 48 | 豆瓣传统制作技艺(郫县豆瓣传统制作技艺) | 新增项目 | 第二批 | 四川省郫县 |
| 49 | 豆豉酿制技艺(永川豆豉酿制技艺) | 新增项目 | 第二批 | 重庆市 |
| 50 | 豆豉酿制技艺(潼川豆豉酿制技艺) | 新增项目 | 第二批 | 四川省三台县 |
| 51 | 腐乳酿造技艺(王致和腐乳酿造技艺) | 新增项目 | 第二批 | 北京市海淀区 |
| 52 | 酱菜制作技艺(六必居酱菜制作技艺) | 新增项目 | 第二批 | 北京六必居食品有限公司 |
| 53 | 榨菜传统制作技艺(涪陵榨菜传统制作技艺) | 新增项目 | 第二批 | 重庆市涪陵区 |
| 54 | 传统面食制作技艺(龙须拉面和刀削面制作技艺) | 新增项目 | 第二批 | 山西省全晋会馆 |
| 55 | 传统面食制作技艺(抿尖面和猫耳朵制作技艺) | 新增项目 | 第二批 | 山西省晋韵楼 |
| 56 | 茶点制作技艺(富春茶点制作技艺) | 新增项目 | 第二批 | 江苏省扬州市 |
| 57 | 周村烧饼制作技艺 | 新增项目 | 第二批 | 山东省淄博市 |
| 58 | 月饼传统制作技艺(郭杜林晋式月饼制作技艺) | 新增项目 | 第二批 | 山西省太原市 |

续表

| 序号 | 名称 | 类型 | 批次 | 申报单位 |
| --- | --- | --- | --- | --- |
| 59 | 月饼传统制作技艺(安琪广式月饼制作技艺) | 新增项目 | 第二批 | 广东省安琪食品有限公司 |
| 60 | 素食制作技艺(功德林素食制作技艺) | 新增项目 | 第二批 | 上海功德林素食有限公司 |
| 61 | 同盛祥牛羊肉泡馍制作技艺 | 新增项目 | 第二批 | 陕西省西安市 |
| 62 | 火腿制作技艺(金华火腿腌制技艺) | 新增项目 | 第二批 | 浙江省金华市 |
| 63 | 烤鸭技艺(全聚德挂炉烤鸭技艺) | 新增项目 | 第二批 | 北京市全聚德(集团)股份有限公司 |
| 64 | 烤鸭技艺(便宜坊焖炉烤鸭技艺) | 新增项目 | 第二批 | 北京便宜坊烤鸭集团有限公司 |
| 65 | 牛羊肉烹制技艺(东来顺涮羊肉制作技艺) | 新增项目 | 第二批 | 北京市东来顺集团有限责任公司 |
| 66 | 牛羊肉烹制技艺(鸿宾楼全羊席制作技艺) | 新增项目 | 第二批 | 北京市鸿宾楼餐饮有限责任公司 |
| 67 | 牛羊肉烹制技艺(月盛斋酱烧牛羊肉制作技艺) | 新增项目 | 第二批 | 北京月盛斋清真食品有限公司 |
| 68 | 牛羊肉烹制技艺(北京烤肉制作技艺) | 新增项目 | 第二批 | 北京市聚德华天控股有限公司 |
| 69 | 牛羊肉烹制技艺(冠云平遥牛肉传统加工技艺) | 新增项目 | 第二批 | 山西省冠云平遥牛肉集团有限公司 |
| 70 | 牛羊肉烹制技艺(烤全羊技艺) | 新增项目 | 第二批 | 内蒙古自治区阿拉善盟 |
| 71 | 天福号酱肘子制作技艺 | 新增项目 | 第二批 | 北京天福号食品有限公司 |
| 72 | 六味斋酱肉传统制作技艺 | 新增项目 | 第二批 | 山西省太原六味斋实业有限公司 |
| 73 | 都一处烧麦制作技艺 | 新增项目 | 第二批 | 北京便宜坊烤鸭集团有限公司 |
| 74 | 聚春园佛跳墙制作技艺 | 新增项目 | 第二批 | 福建省福州市 |

续表

| 序号 | 名称 | 类型 | 批次 | 申报单位 |
| --- | --- | --- | --- | --- |
| 75 | 老陈醋酿制技艺(美和居老陈醋酿制技艺) | 扩展项目 | 第二批 | 山西省太原市 |
| 76 | 白茶制作技艺(福鼎白茶制作技艺) | 新增项目 | 第三批（2011年） | 福建省福鼎市 |
| 77 | 仿膳(清廷御膳)制作技艺 | 新增项目 | 第三批 | 北京市西城区 |
| 78 | 直隶官府菜烹饪技艺 | 新增项目 | 第三批 | 河北省保定市 |
| 79 | 孔府菜烹饪技艺 | 新增项目 | 第三批 | 山东省曲阜市 |
| 80 | 五芳斋粽子制作技艺 | 新增项目 | 第三批 | 浙江省嘉兴市 |
| 81 | 花茶制作技艺(吴裕泰茉莉花茶制作技艺) | 扩展项目 | 第三批 | 北京市东城区 |
| 82 | 绿茶制作技艺(碧螺春制作技艺) | 扩展项目 | 第三批 | 江苏省苏州市吴中区 |
| 83 | 绿茶制作技艺(紫笋茶制作技艺) | 扩展项目 | 第三批 | 浙江省长兴县 |
| 84 | 绿茶制作技艺(安吉白茶制作技艺) | 扩展项目 | 第三批 | 浙江省安吉县 |
| 85 | 黑茶制作技艺(下关沱茶制作技艺) | 扩展项目 | 第三批 | 云南省大理白族自治州 |
| 86 | 传统面食制作技艺(天津“狗不理”包子制作技艺) | 扩展项目 | 第三批 | 天津市和平区 |
| 87 | 传统面食制作技艺(稷山传统面点制作技艺) | 扩展项目 | 第三批 | 山西省稷山县 |
| 88 | 火腿制作技艺(宣威火腿制作技艺) | 扩展项目 | 第三批 | 云南省宣威县 |
| 89 | 奶制品制作技艺(察干伊德) | 新增项目 | 第四批（2014年） | 内蒙古自治区正蓝旗 |
| 90 | 辽菜传统烹饪技艺 | 新增项目 | 第四批 | 辽宁省沈阳市 |

续表

| 序号 | 名称 | 类型 | 批次 | 申报单位 |
| --- | --- | --- | --- | --- |
| 91 | 泡菜制作技艺(朝鲜族泡菜制作技艺) | 新增项目 | 第四批 | 吉林省延吉市 |
| 92 | 老汤精配制 | 新增项目 | 第四批 | 黑龙江省哈尔滨市阿城区 |
| 93 | 上海本帮菜肴传统烹饪技艺 | 新增项目 | 第四批 | 上海市黄浦区 |
| 94 | 传统制糖技艺(义乌红糖制作技艺) | 新增项目 | 第四批 | 浙江省义乌市 |
| 95 | 豆腐传统制作技艺 | 新增项目 | 第四批 | 安徽省淮南市 |
| 96 | 豆腐传统制作技艺 | 新增项目 | 第四批 | 安徽省寿县 |
| 97 | 德州扒鸡制作技艺 | 新增项目 | 第四批 | 山东省德州市 |
| 98 | 龙口粉丝传统制作技艺 | 新增项目 | 第四批 | 山东省招远市 |
| 99 | 蒙自过桥米线制作技艺 | 新增项目 | 第四批 | 云南省蒙自市 |
| 100 | 酿醋技艺(小米醋酿造技艺) | 扩展项目 | 第四批 | 山西省襄汾县 |
| 101 | 酱油酿造技艺(先市酱油酿造技艺) | 扩展项目 | 第四批 | 四川省合江县 |
| 102 | 黄茶制作技艺(君山银针茶制作技艺) | 新增项目 | 第五批(2021年) | 湖南省岳阳市君山区 |
| 103 | 德昂族酸茶制作技艺 | 新增项目 | 第五批 | 云南省德宏傣族景颇族自治州芒市 |
| 104 | 中餐烹饪技艺与食俗 | 新增项目 | 第五批 | 中国烹饪协会 |
| 105 | 徽菜烹饪技艺 | 新增项目 | 第五批 | 安徽省 |
| 106 | 潮州菜烹饪技艺 | 新增项目 | 第五批 | 广东省潮州市 |
| 107 | 川菜烹饪技艺 | 新增项目 | 第五批 | 四川省 |
| 108 | 食用油传统制作技艺(大名小磨香油制作技艺) | 新增项目 | 第五批 | 河北省邯郸市大名县 |

续表

| 序号 | 名称 | 类型 | 批次 | 申报单位 |
|---|---|---|---|---|
| 109 | 果脯蜜饯制作技艺(北京果脯传统制作技艺) | 新增项目 | 第五批 | 北京市怀柔区 |
| 110 | 果脯蜜饯制作技艺(雕花蜜饯制作技艺) | 新增项目 | 第五批 | 湖南省怀化市靖州苗族侗族自治县 |
| 111 | 梨膏糖制作技艺(上海梨膏糖制作技艺) | 新增项目 | 第五批 | 上海市黄浦区 |
| 112 | 小吃制作技艺(沙县小吃制作技艺) | 新增项目 | 第五批 | 福建省三明市 |
| 113 | 小吃制作技艺(逍遥胡辣汤制作技艺) | 新增项目 | 第五批 | 河南省周口市西华县 |
| 114 | 小吃制作技艺(火宫殿臭豆腐制作技艺) | 新增项目 | 第五批 | 湖南省长沙市 |
| 115 | 米粉制作技艺(沙河粉传统制作技艺) | 新增项目 | 第五批 | 广东省广州市 |
| 116 | 米粉制作技艺(柳州螺蛳粉制作技艺) | 新增项目 | 第五批 | 广西壮族自治区柳州市 |
| 117 | 米粉制作技艺(桂林米粉制作技艺) | 新增项目 | 第五批 | 广西壮族自治区桂林市 |
| 118 | 龟苓膏配制技艺 | 新增项目 | 第五批 | 广西壮族自治区梧州市 |
| 119 | 凯里酸汤鱼制作技艺 | 新增项目 | 第五批 | 贵州省黔东南苗族侗族自治州凯里市 |
| 120 | 土生葡人美食烹饪技艺 | 新增项目 | 第五批 | 澳门特别行政区 |
| 121 | 蒸馏酒传统酿造技艺(洋河酒酿造技艺) | 扩展项目 | 第五批 | 江苏省宿迁市 |
| 122 | 蒸馏酒传统酿造技艺(古井贡酒酿造技艺) | 扩展项目 | 第五批 | 安徽省亳州市 |
| 123 | 蒸馏酒传统酿造技艺(景芝酒传统酿造技艺) | 扩展项目 | 第五批 | 山东省潍坊市安丘市 |

续表

| 序号 | 名称 | 类型 | 批次 | 申报单位 |
|---|---|---|---|---|
| 124 | 蒸馏酒传统酿造技艺(董酒酿制技艺) | 扩展项目 | 第五批 | 贵州省遵义市汇川区 |
| 125 | 蒸馏酒传统酿造技艺(西凤酒酿造技艺) | 扩展项目 | 第五批 | 陕西省宝鸡市凤翔区 |
| 126 | 蒸馏酒传统酿造技艺(青海青稞酒传统酿造技艺) | 扩展项目 | 第五批 | 青海省海东市互助土族自治县 |
| 127 | 酿造酒传统酿造技艺(刘伶醉酒酿造技艺) | 扩展项目 | 第五批 | 河北省保定市徐水区 |
| 128 | 酿造酒传统酿造技艺(红粬黄酒酿造技艺) | 扩展项目 | 第五批 | 福建省宁德市屏南县 |
| 129 | 绿茶制作技艺(雨花茶制作技艺) | 扩展项目 | 第五批 | 江苏省南京市 |
| 130 | 绿茶制作技艺(蒙山茶传统制作技艺) | 扩展项目 | 第五批 | 四川省雅安市 |
| 131 | 红茶制作技艺(坦洋工夫茶制作技艺) | 扩展项目 | 第五批 | 福建省宁德市福安市 |
| 132 | 红茶制作技艺(宁红茶制作技艺) | 扩展项目 | 第五批 | 江西省九江市修水县 |
| 133 | 乌龙茶制作技艺(漳平水仙茶制作技艺) | 扩展项目 | 第五批 | 福建省龙岩市 |
| 134 | 黑茶制作技艺(长盛川青砖茶制作技艺) | 扩展项目 | 第五批 | 湖北省宜昌市伍家岗区 |
| 135 | 黑茶制作技艺(咸阳茯茶制作技艺) | 扩展项目 | 第五批 | 陕西省咸阳市 |
| 136 | 晒盐技艺(运城河东制盐技艺) | 扩展项目 | 第五批 | 山西省运城市 |
| 137 | 传统面食制作技艺(太谷饼制作技艺) | 扩展项目 | 第五批 | 山西省晋中市太谷区 |

续表

| 序号 | 名称 | 类型 | 批次 | 申报单位 |
|---|---|---|---|---|
| 138 | 传统面食制作技艺(李连贵熏肉大饼制作技艺) | 扩展项目 | 第五批 | 吉林省四平市 |
| 139 | 传统面食制作技艺(邵永丰麻饼制作技艺) | 扩展项目 | 第五批 | 浙江省衢州市柯城区 |
| 140 | 传统面食制作技艺(缙云烧饼制作技艺) | 扩展项目 | 第五批 | 浙江省丽水市缙云县 |
| 141 | 传统面食制作技艺(老孙家羊肉泡馍制作技艺) | 扩展项目 | 第五批 | 陕西省 |
| 142 | 传统面食制作技艺(西安贾三灌汤包子制作技艺) | 扩展项目 | 第五批 | 陕西省 |
| 143 | 传统面食制作技艺(兰州牛肉面制作技艺) | 扩展项目 | 第五批 | 甘肃省兰州市 |
| 144 | 传统面食制作技艺(中宁蒿子面制作技艺) | 扩展项目 | 第五批 | 宁夏回族自治区中卫市中宁县 |
| 145 | 传统面食制作技艺(馕制作技艺) | 扩展项目 | 第五批 | 新疆维吾尔自治区 |
| 146 | 传统面食制作技艺(塔塔尔族传统糕点制作技艺) | 扩展项目 | 第五批 | 新疆维吾尔自治区塔城地区塔城市 |
| 147 | 素食制作技艺(绿柳居素食烹制技艺) | 扩展项目 | 第五批 | 江苏省南京市 |
| 148 | 牛羊肉烹制技艺(宁夏手抓羊肉制作技艺) | 扩展项目 | 第五批 | 宁夏回族自治区吴忠市 |

注:通过中国非物质文化遗产网·中国非物质文化遗产数字博物馆清单“国家级非物质文化遗产代表性项目名录”统计整理而成。

## 加强文化遗产保护传承 弘扬中华优秀传统文化(节选)

我们要深入挖掘、继承、创新优秀传统乡土文化。要让有形的乡村文化留得住,充分挖掘具有农耕特质、民族特色、地域特点的物质文化遗产,加大对古镇、古村落、古建筑、民族村寨、文物古迹、农业遗迹的保护力度。要让活态的乡土文化传下去,深入挖掘民间艺术、戏曲曲艺、手工技艺、民族服饰、民俗活动等非物质文化遗产。要把保护传承和开发利用有机结合起来,把我国农耕文明优秀遗产和现代文明要素结合起来,赋予新的时代内涵,让中华优秀传统文化生生不息,让我国历史悠久的农耕文明在新时代展现其魅力和风采。(2017年12月28日在中央农村工作会议上的讲话)

[资料来源:习近平.加强文化遗产保护传承 弘扬中华优秀传统文化[J].求是,2024(08).]

### 项目小结

乡村旅游美食创新就是通过了解饮食创新技法,开展饮食文化资源调查,实施乡村旅游美食菜品创新和宴席设计,提升学生乡村旅游美食创新能力。学生需了解并掌握饮食创新技法,掌握乡村旅游美食菜品创新和宴席设计流程,具备乡村旅游美食创新能力,认识到非物质文化遗产承载着一个民族或地区的文化基因,要在乡村旅游美食创新中坚守中华文化立场,传承中华文化基因,铸牢中华民族共同体意识。

### 思考与练习

饮食类非物质文化遗产对促进乡村振兴有哪些作用?请你为家乡的某个乡村设计一份乡村旅游美食创新实施方案。

### 推荐阅读

[1]袁枚.随园食单[M].北京:中华书局,2010.

[2]赵荣光.中华饮食文化[M].北京:中华书局,2012.

[3]约翰·霍金斯.创意经济——如何点石成金[M].洪庆福,孙薇薇,刘茂玲,译.上海:上海三联书店,2006.

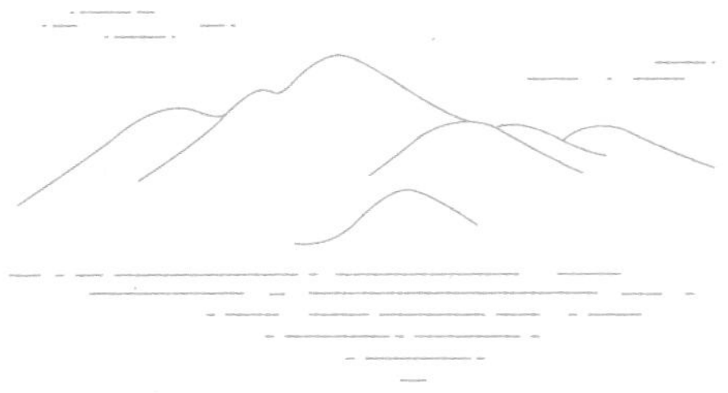

项目五

# 乡村旅游餐饮质量管理

## 学习目标

1. 了解乡村旅游餐饮员工个人卫生、餐厅环境卫生、餐厅厨房卫生标准和要求。

2. 掌握乡村旅游餐饮服务质量监督与管理方法。

3. 树立餐饮卫生与食品安全意识。

## 学习重难点

重点：乡村旅游餐饮卫生与食品安全管理。

难点：乡村旅游餐饮服务质量监督与管理。

## 知识结构图

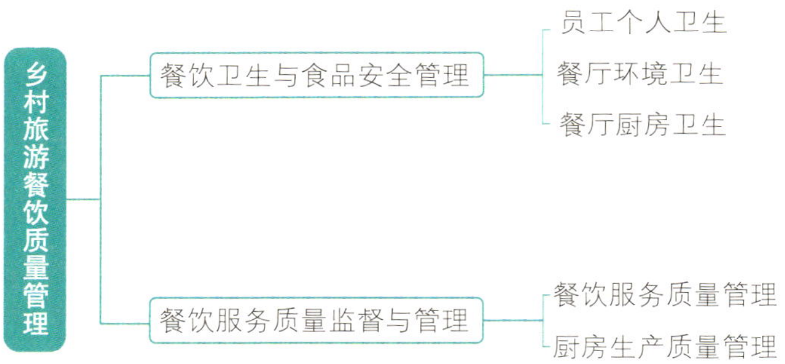

## 任务一

# 餐饮卫生与食品安全管理

餐饮卫生与食品安全管理

### 任务目标

1. 了解乡村旅游餐饮卫生标准和要求。

2. 熟悉餐饮食品安全操作规范。

### 任务描述

厨师通过乡村旅游美食创新实践培训后，不断开发出具有地方特色、创新性强的美食菜品。但现在还存在一个问题：由于酒店刚投入使用不久，酒店餐饮卫生管理水平不高，服务员卫生意识和食品安全意识不强，因此叔叔请小枚对酒店管理人员和服务员进行餐饮卫生与食品安全培训。她该从哪些方面进行培训？

### 任务分析

乡村旅游餐饮卫生主要包括员工个人卫生、餐厅环境卫生、餐厅厨房卫生，应重视对餐厅食品安全的监管。

### 任务实施

阅读学习支持及相关资料，掌握乡村旅游餐饮标准和要求，明确食品安全控制制度要求。

表5-1-1 工作表单

| | |
|---|---|
| 任务目标 | 熟练掌握乡村旅游餐饮卫生标准和食品安全管理制度。 |
| 任务地点 | 当地乡村酒店等。 |
| 任务目的 | 通过培训,明确乡村旅游餐饮卫生标准和食品安全管理制度要求。 |
| 任务准备 | 评价表、分析记录本等。 |
| 任务要求 | 学生分组,8人一组进行学习。 |
| 任务考核 | 教师根据《餐饮卫生与食品安全评价表》进行评分。 |

## 学习支持

应参照《中华人民共和国食品安全法》《网络餐饮服务食品安全监督管理办法》《餐饮服务食品安全操作规范》《食品安全国家标准》等法律法规和国家行业标准,保证餐厅卫生和食品安全。

### 一、餐饮卫生

乡村旅游餐饮卫生主要包括员工个人卫生、餐厅环境卫生、餐厅厨房卫生三个方面。

#### (一)员工个人卫生

(1)餐饮服务员应保持良好的个人卫生。

(2)餐饮服务员不得留长指甲、涂指甲油。

(3)工作时,应穿清洁的工作服,不披散头发,佩戴的手表、手镯、手链、手串、戒指、耳环等饰物不得外露。

(4)食品处理区内的从业人员不宜化妆,应戴清洁的工作帽,工作帽应能将头发全部遮住。

(5)专间和专用操作区内的从业人员操作时,应佩戴清洁的口罩。口罩应遮住口鼻。

(6)进入食品处理区的非加工制作人员,应符合从业人员卫生要求。

(7)餐厅服务员在有下列情形时应洗手:开始工作前,处理食物前,上厕所后,处理生食物后,处理弄污的设备或饮食用具后,咳嗽、打喷嚏后,处理动物或废物后,触摸耳朵、鼻子、头发、口腔或身体其他部位后,从事任何可能污染双手的活动(如执行清洁任务)后。从业人员加工食品前应洗净手部。

(8)从事接触直接入口食品工作的从业人员,加工食品前还应进行手部消毒。

(9)从业人员个人用品应集中存放,存放位置应不影响食品安全。

注:根据《餐饮服务食品安全操作规范》《食品安全国家标准 餐饮服务通用卫生规范》(GB31654—2021)整理。

## (二)餐厅环境卫生

表5-1-2 餐厅环境卫生要求

| 餐饮服务 | 卫生要求 |
| --- | --- |
| 摆台 | 1.摆台前必须对所用的餐饮器具进行必要的卫生检查,托盘、桌面必须干净。<br>2.台布、餐巾必须清洁,餐具、酒具要求经过清洗消毒处理。<br>3.服务员在摆台前必须清洗双手,保证双手的清洁卫生。<br>4.摆台餐具、酒具应用托盘托拿,不允许用手直接抓拿。<br>5.餐巾应折花放入杯中或折叠整齐放于碟子上,不得弄脏。<br>6.餐巾纸必须符合卫生要求,只能一次性使用。<br>7.在不分菜的餐桌上必须摆设公用筷和公用勺。 |
| 餐前服务 | 1.进餐前,餐巾要用盘具盛装,递送客人时用餐钳夹取。<br>2.递送的烟灰缸应清洁干净。<br>3.酒水必须符合卫生标准,不得出售变质的酒水。 |
| 上菜服务 | 1.上菜应用托盘,托盘必须干净卫生,不能将热菜菜盘置于凉菜菜盘之上。<br>2.不允许不用托盘而直接用手端送菜盘和汤碗。<br>3.端菜时手指不得接触碗口内侧,更不得接触菜肴及汤汁。<br>4.上菜时不允许对着菜肴大声说话,绝不允许对着菜肴咳嗽或打喷嚏,以防止飞沫对菜肴的污染。<br>5.不得一边上菜,一边对着餐桌上的菜点说话。<br>6.分菜时,应使用分菜工具,或给客人配备分菜工具,以避免手与食物不必要的接触。 |
| 餐间服务 | 1.菜肴中如有虾、蟹等需用手抓的食物,上菜前必须送餐巾,当客人清洁双手后,再上菜肴,以保证进食卫生。<br>2.勤换食碟,食碟尚未被完全装满时,就应及时更换。<br>3.餐间如有顾客吸烟,应配备干净的烟灰缸。每餐次应更换烟灰缸一次以上。<br>4.服务员给客人斟酒、斟茶时,瓶口不宜触及杯口。<br>5.斟酒之前需用清洁布巾将瓶口及瓶身擦净。<br>6.公用勺、公用筷每次使用后必须清洗、消毒,禁止同一筷子和勺匙多次或多人使用。 |
| 餐后服务 | 餐后应向客人再送一次餐巾,供客人擦脸擦手用,清洁面部及手上的油污。 |

## (三)餐厅厨房卫生

表5-1-3　餐厅厨房卫生要求

| 厨房工作 | 卫生要求 |
| --- | --- |
| 厨房环境卫生 | 1.厨房每日清扫不少于4次,无废料堆积。<br>2.厨具每天洗涤消毒,保持清洁、明亮、无油污。<br>3.盖布、盖帘、抹布每天清洗,专布专用。<br>4.厨房设备与冰箱、橱柜定时或每天擦拭。<br>5.案板、刀具定时煮沸消毒。<br>6.地面整洁防滑,无油污积淀。<br>7.墙面无灰尘、蛛网,边角、下水地漏处无卫生死角。<br>8.室内无积水、无异味。<br>9.厨房内外环境整洁,地面干净,四壁无蛛网。<br>10.厨房每天日常打扫,三天、五天或一星期等定期打扫。 |
| 厨房操作卫生 | 1.生熟食物及其用具、盛器等要严格区分,免交叉污染。<br>2.放熟菜的用具,切熟菜的砧板,用时先消毒。<br>3.制作冷盘时,应按规定将用具消毒。<br>4.尝味时应用汤匙,不能用手指或手勺直接送入口中。<br>5.存入冰箱的熟食,要生熟料分格存放,以避免交叉污染。<br>6.操作中禁止挠头,用手捂口咳嗽、打喷嚏。 |
| 冷荤间卫生 | 1.案板每天清洗消毒,刀具定时沸煮。<br>2.熟食架、冰箱每天清洗,10天用热水冲洗消毒一次。<br>3.冰箱把手用消毒过的小方巾捆好。<br>4.储存柜定期消毒。<br>5.冷荤间员工穿专制工作服上岗,进入操作间前洗手消毒。<br>6.各种食品、半成品,生、熟分开,荤、素分开,专柜存放,盖好保鲜纸。 |
| 厨房饮用水卫生 | 1.厨房饮用水应透明、无色、无异味、无肉眼可见物。<br>2.水龙头及开关把手始终保持清洁卫生。 |
| 虫害防治 | 1.厨房对外开放的门窗结构严密。<br>2.所有管道入口和下水沟出入口安装金属网,防止蚊蝇进入。 |

## 二、食品安全监管

表 5-1-4 食品安全管理制度

| 项目 | 具体内容 |
| --- | --- |
| 食品安全管理制度 | 1. 从业人员健康管理制度。<br>2. 食品安全自查制度。<br>3. 食品进货查验记录制度。<br>4. 食品原料控制要求。<br>5. 食品过程控制要求。<br>6. 食品安全事故处置方案。<br>7. 食品安全管理制度。<br>8. 食品安全管理人员制度。<br>9. 从业人员培训考核制度。<br>10. 食品添加剂使用制度。<br>11. 餐厨废弃物处置制度。<br>12. 有害生物防治制度。<br>13. 场所及设施设备定期消毒、维护、校验制度。 |

注：根据《餐饮服务食品安全操作规范》整理。

## 任务评价

表 5-1-5 餐饮卫生与食品安全评价表

| 内容 | 评价项目 | 评价标准 | 分值（分） | 扣分（分） | 得分（分） |
| --- | --- | --- | --- | --- | --- |
| 餐饮卫生与食品安全管理 | 员工个人卫生（10分） | 保持个人卫生 | 10 | | |
| | 餐厅环境卫生（40分） | 保证摆台卫生 | 5 | | |
| | | 保证餐前服务卫生 | 10 | | |
| | | 保证上菜服务卫生 | 10 | | |
| | | 保证餐间服务卫生 | 10 | | |
| | | 保证餐后服务卫生 | 5 | | |

续表

| 内容 | 评价项目 | 评价标准 | 分值（分） | 扣分（分） | 得分（分） |
|---|---|---|---|---|---|
| 餐饮卫生与食品安全管理 | 餐厅厨房卫生（40分） | 保证厨房环境卫生 | 10 | | |
| | | 保证厨房操作卫生 | 10 | | |
| | | 保证冷荤间卫生 | 10 | | |
| | | 保证厨房饮用水卫生 | 10 | | |
| | 食品安全控制（10分） | 建立合理的食品安全管理制度 | 10 | | |
| | 总分 | | 100 | | |

## 任务思考

请你提出人工智能时代提升乡村旅游餐饮卫生质量的方法。

## 知识拓展

选择当地的一家农家乐、乡村酒店或度假村餐厅，开展餐饮卫生调查，组织一次餐饮卫生和食品安全培训。

## 知识链接

《食品安全国家标准 餐饮服务通用卫生规范》（GB 31654—2021）附录D“餐饮服务从业人员洗手消毒指南”内容。

D.1 手部清洗方法

D.1.1 在流动水下淋湿双手。

D.1.2 取适量洗手液（或肥皂），均匀涂抹至整个手掌、手背、手指和指缝。

D.1.3 认真揉搓双手至少20秒，注意清洗双手所有皮肤，包括指背、指尖和指缝。工作衣为长袖的应洗到腕部，工作衣为短袖的应洗到肘部。具体揉搓步骤为（步骤不分先后）：

(a)掌心相对,手指并拢相互揉搓(见图5-1-1)。

(b)手心对手背沿指缝相互揉搓,交换进行(见图5-1-2)。

(c)掌心相对,双手交叉沿指缝相互揉搓(见图5-1-3)。

(d)弯曲手指,使指关节在另一手掌心旋转揉搓,交换进行(见图5-1-4)。

(e)一手握住另一手大拇指旋转揉搓,交换进行(见图5-1-5)。

(f)将五个手指尖并拢放在另一手掌心旋转揉搓,交换进行(见图5-1-6)。

D.1.4 在流动水下彻底冲净双手。

D.1.5 关闭水龙头(手动式水龙头应用肘部或以清洁纸巾包裹水龙头将其关闭)。

D.1.6 用一次性清洁纸巾擦干或干手机吹干双手。

图5-1-1 掌心相对,手指并拢相互揉搓

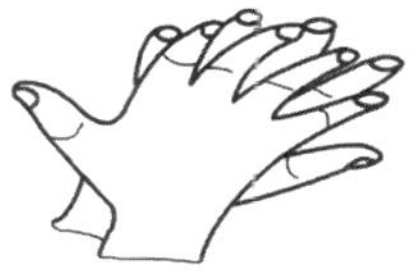

图5-1-2 手心对手背沿指缝相互揉搓

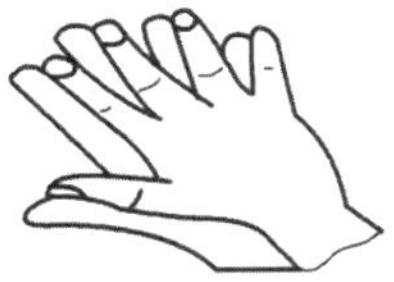

图5-1-3 掌心相对,双手交叉沿指缝相互揉搓

图5-1-4 弯曲手指,指关节在掌心旋转揉搓

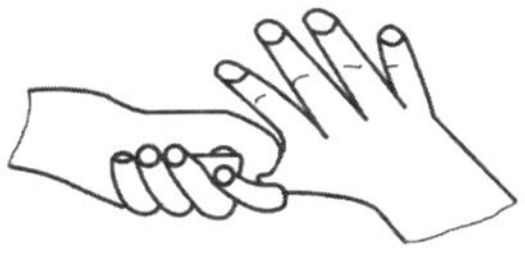

图5-1-5 大拇指在掌心旋转揉搓

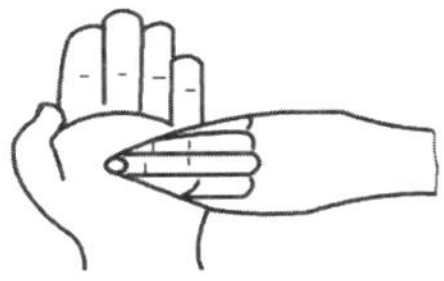

图5-1-6 五指并拢,指尖在掌心旋转揉搓

D.2 手部消毒方法

洗净手部后,采用以下方法之一消毒手部:

D.2.1 取适量的免洗手消毒剂于掌心,按照本附录D.1.3的方法充分揉搓双手20~30秒,保证手消毒剂完全覆盖双手皮肤,直至干燥。

D.2.2 将洗净后的双手在消毒液中浸泡20~30秒。

任务二

# 餐饮服务质量监督与管理

餐饮服务质量监督与管理

## 任务目标

1. 了解餐饮服务质量的含义。

2. 掌握乡村旅游餐饮服务质量监督与管理制度。

## 任务描述

为强化酒店服务质量监督与管理，小枚最后对酒店开展服务质量监督与管理培训。她该从哪些方面进行培训？

## 任务分析

乡村旅游餐饮服务质量监督与管理主要涉及：建立机制、台账、智慧系统；加强厨房生产质量，主要包括原料管理、工艺管理和卫生管理。

## 任务实施

阅读学习支持及相关资料，掌握餐饮服务质量的含义和乡村旅游餐饮服务质量监督与管理制度。

表5-2-1 工作表单

| | |
|---|---|
| **任务目标** | 熟练掌握乡村旅游餐饮服务质量监督与管理制度。 |
| **任务地点** | 当地乡村酒店等。 |
| **任务目的** | 通过学习,掌握乡村旅游餐饮服务质量监督与管理制度。 |
| **任务准备** | 评价表、分析记录本等。 |
| **任务要求** | 学生分组,8人一组进行学习。 |
| **任务考核** | 教师根据《餐饮服务质量监督与管理评价表》进行评分。 |

## 学习支持

### 一、餐饮服务质量的含义

餐饮服务质量是指餐厅以其所拥有的设施设备为依托,为客人所提供的服务适合和满足客人期望的程度。

### 二、建立餐饮服务质量监管机制

(1)建机制。建立日管控、周排查、月调度机制,重点管控原材料、加工过程、配送过程的风险。

(2)建台账。建立台账,定期进行通报,及时督促整改。

(3)建系统。建设智慧系统,提高信息化监控水平。

### 三、加强厨房生产质量管理

(1)原料管理。严格食材原料验收、登记和存放制度,专人管理。

(2)工艺管理。厨师确认原料合格后,根据食材特点、形状、大小等对其进行加工,要烧熟煮透;出餐前须对每种饭菜进行自查试吃,专人记录。

(3)卫生管理。做到"一刮二洗三冲四消五保洁":"一刮",将残留食品刮洗干净;"二洗",用专用水池清洗;"三冲",用流动水冲,去除残液;"四消",要保证消毒设施运转正常;"五保洁",保持设施清洁。

## 任务评价

表 5-2-2　餐饮服务质量监督与管理评价表

| 内容 | 评价项目 | 评价标准 | 分值(分) | 扣分(分) | 得分(分) |
|---|---|---|---|---|---|
| 餐饮服务质量监督与管理 | 建立餐饮服务质量监管机制(45分) | 建机制。 | 15 | | |
| | | 建台账。 | 15 | | |
| | | 建系统。 | 15 | | |
| | 加强厨房生产质量管理(55分) | 原料管理。 | 20 | | |
| | | 工艺管理。 | 15 | | |
| | | 卫生管理。 | 20 | | |
| | 总分 | | 100 | | |

## 任务思考

请思考在人工智能时代提升乡村旅游餐饮服务质量的有效方法。

## 任务拓展

选择当地的一家农家乐、乡村酒店或度假村餐厅,开展餐饮服务质量调查,组织一次餐饮服务质量培训。

## 知识链接

### 揭开后厨“神秘的面纱”

在河南省郑州市郑东新区永和铂爵国际酒店的餐厅内,客人摁下遥控器,房间电视上便出现了厨师制作美食的高清画面,历来颇为隐秘的后厨实况即刻“现场直播”,

餐饮企业用新技术手段催生的餐饮可视化切实保障消费者舌尖上的安全。

"互联网+明厨亮灶"具体做法:

一是采取透明玻璃窗展示,打通操作间和餐厅之间的墙壁,安装透明玻璃隔断。

二是采取显示屏展示,利用高清摄像头和显示屏将主操作间、凉菜间、洗消间、原料储存间、面点间等关键区域进行展示。

三是将透明玻璃窗和显示屏相结合进行展示。

四是对于大型及以上规模餐厅,在显著位置或显示屏上方张贴"明厨亮灶,诚信经营""明厨亮灶,请您监督"等相关标识。

五是对新开办的餐饮,要按照"明厨亮灶"的要求,要墙壁有瓷砖、门窗有窗纱、原料有货架、消毒有设施,达到清洁、明亮、干净、安全的要求。

"互联网+明厨亮灶"将依托网络传输技术,公众通过手机等终端设备实时观看后厨,从而揭开后厨"神秘的面纱"。

## 项目小结

乡村旅游餐饮质量管理就是按标准做好员工个人卫生、餐厅环境卫生、餐厅厨房卫生,加强餐厅服务质量监督与管理。学生需了解乡村旅游餐饮员工个人卫生、餐厅环境卫生、餐厅厨房卫生标准和要求,掌握乡村旅游餐饮服务质量监督与管理的方法,树立餐饮卫生与食品安全意识。

## 思考与练习

为保证乡村旅游餐饮卫生,对员工个人、餐厅环境、餐厅厨房的卫生有哪些要求?

## 推荐阅读

[1]W.爱德华·戴明.转危为安[M].钟汉清,译.北京:机械工业出版社,2016.

[2]菲利浦·克劳士比.质量免费[M].杨钢,林海,译.太原:山西教育出版社,2011.

[3]约瑟夫.A.德费欧.朱兰质量手册[M].7版.北京:中国人民大学出版社,2021.

# 参考文献


[1]汪京强.餐饮服务与管理[M].3版.北京:科学出版社,2019.

[2]王焕宇,严泽美.餐饮服务与管理[M].北京:高等教育出版社,2019.

[3]刘致良.中式烹调工艺与实训[M].3版.北京:高等教育出版社,2022.

[4]丁建军,佟安娜,司连福.西式烹调工艺与实训[M].3版.北京:高等教育出版社,2024.

[5]钟志惠,陈迤.中式面点工艺与实训[M].3版.北京:高等教育出版社,2021.

[6]薛党辰.烹饪基本功训练教程[M].北京:中国纺织出版社,2020.

[7]赵荣光,谢定源.饮食文化概论[M].北京:中国轻工业出版社,2006.

[8]陈敏,李如伊.节水优先小知识[M].郑州:黄河水利出版社,2023.

[9]袁昌曲.重庆市少数民族饮食文化[M].重庆:西南师范大学出版社,2015.

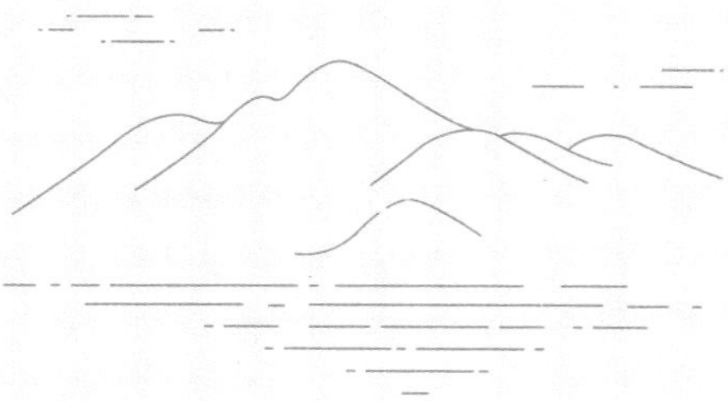